繁荣与包容：
保障房供给效应研究

王薇　著

中国建筑工业出版社

图书在版编目（CIP）数据

繁荣与包容：保障房供给效应研究 / 王薇著.

北京：中国建筑工业出版社，2024.11.--ISBN 978-7-

112-30537-7

Ⅰ. D632.1

中国国家版本馆 CIP 数据核字第 2024VW6725 号

国家社会科学基金重大项目：加快建立多主体供给、多渠道保障、租购并举的住房
制度研究（22ZDA099）

责任编辑：陈夕涛　徐昌强　李　东
责任校对：王　烨

繁荣与包容：保障房供给效应研究

王薇　著

＊

中国建筑工业出版社出版、发行（北京海淀三里河路9号）

各地新华书店、建筑书店经销

华之逸品书装设计制版

建工社（河北）印刷有限公司印刷

＊

开本：787毫米×1092毫米　1/16　印张：13¼　字数：186千字

2024年11月第一版　　2024年11月第一次印刷

定价：**58.00**元

ISBN 978-7-112-30537-7

（43686）

养蝴蝶

我在露台上养了两盆栀子花。由于是木本的，非常好养，心情好的时候给浇下水，偶尔也能开出白色的花，香气袭人。今年国庆，我去了香港，花没人照顾，等我回来时，发现叶子残缺，地上满是黑色的小泥巴。仔细一看，满是虫子。家里没有雷达，于是找了瓶驱蚊水，喷了一下，原以为可以杀死它们。而周末再一次三天不在家，回来一看，发现叶子全无，有些后悔。不过换了一个角度，心情也没那么糟——我就等着毛毛虫变成蝴蝶。

原来养蝴蝶是如此的容易。小的时候养蚕宝宝的时候，小心翼翼的，其实最后的结果也是成茧、化蛾。很多事情，换一个角度去思考，结果大为不同。前两天香港大学林初升教授关于城市化与土地开发的讲座，把传统的权利（rights）研究范式点改为权力（power）切入，仔细一想，的确更加符合中国的国情。而也有同学指出，我们太注重土地的城市化而不关注人口的城市化，这又是一个很好的切入点。第六次全国人口普查，中国有2.6亿流动人口，其中1.7亿流向大城市，5500多万流向城镇，这些人"被统计"进我们的城市人口，但是实际上却没有城市居民的待遇。如果把上述2.25亿的人口除以13亿，不难发现他们占了全国人口的17%。

这17%的人口，在城市或城镇中，往往被大家视为毛毛虫。因为他们没钱，却造成了城市/城镇基础设施的拥挤。但是，我们知道，这些"毛毛虫"毕竟也为城市创造了财富，无论是建筑工地上还是高级宾馆中，抑或是流水线的工厂里，正是他们提供低廉的劳动力成本，才让中国在世界具有竞争力。而接下来，该到了他们化蝶的时候，"十二五"期间3600万套的保障性住房应该是为这些人准备的。因为只有当他们有了自己的房子、子女的教育有了保障、自己的医疗服务有了保证，未来的养老保险开始落实，这17%人才敢在城市消费，那时拉动内需就顺理成章了。

吴宇哲

浙江大学

2018年1月5日

前言

保障房供给是对包容性增长理念的具体响应，也是实现城市包容性增长的一条重要途径。保障房供给，即通过实物分配的形式保证居住权利，其表现是政府干预住房市场的资源配置过程，本质是城市经济发展与社会公平互动的一种内在逻辑。不论是发达国家还是发展中国家，都曾经或正在经历城市住房短缺的危机，以及由此导致的经济和社会问题。因此，对于保障房供给的研究在世界范围内广泛存在。

研究中国的保障房供给，既是一个现实问题，也是一个理论问题。中国正在探索以城乡融合为主要目标的可持续发展道路，城市流动人口的居住问题得到前所未有的重视。在新型城镇化发展战略指导下，保障性住房的大规模供给，成为解决城市流动人口住房问题的重要手段。经过多年的实践，保障房供给为促进我国经济社会和谐稳定和健康发展发挥了重要作用，但在实践中也面临许多困境。实践中出现的结构性错配等问题，源于理论上对保障房供给的研究还不够充分。现有的研究多为从住房问题的具体实践切入而开展的对策研究，缺乏基于城市系统的解读以及与国际上经典理论的对话。因此，本书一方面将中国的保障房制度放到更大的时空视野中，剖析保障房供给与城市包容性增长之间的内在联系；另一方面结合中国国情和特定历史阶段，对中国保障房供给效应进行符合中国语境的深度解读。

对于理解保障房供给和住房体系，城市是至关重要的研究规模。城市政府是保障房资源配置的实施主体，在供给方面具有充分的主动权。根植于实施主体评价保障房供给目的的不同视角，城市间保障房供给具有很大差异。在国家层面上，经济增长与社会融合并不是对立的，但在城市层面，具体到保障房供给政策本身，经济视角和社会视角则可能会出现内在冲突。面对保障房供给的多目标与内在冲突，不禁想要重新审视保障房供给的理论依据是什么？实践中，保障房供给对城市包容性增长究竟产生了怎样的效应？为了回答以上两个核心问题，此项研究致力于通过理论的梳理，构建合适的保障房供给效应研究框架，实证分析保障房供给对城市包容性增长的效应，期望能为我国新型城镇化进程中的保障房政策制定提供参考。

　　本书主体分为三个层次，按照理论分析—实证检验—政策建议的逻辑展开。具体结构如下：第一层次是理论研究部分，目的是解析理论机理并构建研究框架，包括第2章与第3章。第2章梳理了关于保障房供给的国内外研究进展，以认清保障房供给研究的现状和局限。第3章通过对城市包容性增长理论的解析和城市住房市场动态模型的推导，探讨保障房供给影响城市包容性增长的逻辑，并在此基础上结合中国语境开发合适的研究框架。第二层次是实证研究部分，目的是应用市民化与内需融合的研究框架，实证检验保障房供给对城市包容性增长的效应，包括第4章、第5章和第6章。第4章从内需的视角出发，基于全国层面保障房供给的差异，研究保障房供给拉动城市内需的效应。第5章基于市民化的视角，通过典型案例分析，研究保障房供给落实流动人口市民化的效应。第6章探索保障房供给对城市包容性增长的传导机制，并开展政策仿真实验。实证研究部分运用系统动力学的研究方法，回应了前序理论分析，在市民化与内需融合的研究框架下考察了保障房供给对城市包容性增长的效应，为政策建议提供依据。第三层次是政策研究部分，目的是为我国新型城镇化进程中的保障房供给政策制定提供参考，包括第7章。第7章基于仿真实验得到的两点启示，分别以住房结构均衡与人地均衡为逻辑，提出了促进城市包容性增长的保障房供给政策导向。

　　本书的读者为政府决策者和规划者、住房政策研究人员和学者、社区发展工作者和非政府组织、房地产开发商和投资者以及城市居民和公众。从世界范围来看，中国的快速城镇化与大规模保障性住房建设的组合为研究保障房供给对城市包容性增长的效应提供了一个很有吸引力的案例。基于理论与实证相结合的研究，本书给出了保障房供给研究理论框架的转变方向，解析了保障房供给对城市包容性增长的影响机理，构建了中国语境下的市民化与内需融合的研究框架，实证检验了保障房供给对城市包容性增长的效应，并提出了促进城市包容性增长的保障房供给政策导向。

目录

/ **3** /

保障房供给对城市包容性增长的影响机理

/ 4 /

保障房供给对城市包容性增长的效应：内需视角

/ 5 /

保障房供给对城市包容性增长的效应：市民化视角

/ **6** /

保障房供给对城市包容性增长的传导机制

/ 7 /
保障房供给促进城市包容性增长的政策导向

/ 8 /
结论与讨论

1

绪论

1.1 研究背景

进入21世纪以来，对中国的研究都不可能忽略一个重要的历史背景，即快速的城市化。自1996年起，我国的城市化率以年均1个百分点的速度快速增长，与此相比，农业转移人口在城市落户的速度则远远滞后。根据国家统计局的最新数据显示，2023年末我国常住人口城镇化率为66.16%，而户籍人口城镇化率仅有48.7%，两者之差包含了2亿多长期在城镇生活和就业但未享受市民待遇的农村转移人口。这个差距隐含了社会保障的缺失，也正是这个差距凸显出城镇化质量提升的重要性和紧迫性。为此，我国提出了"以人为核心"的新型城镇化发展战略。2016年2月6日，国务院印发的《关于深入推进新型城镇化建设的若干意见》（国发〔2016〕8号）指出，"新型城镇化是现代化的必由之路，是最大的内需潜力所在，是经济发展的重要动力，也是一项重要的民生工程"。可见，市民化与内需激发这两者的融合，正是新型城镇化道路的关键所在，也是我国经济新常态下转换增长动力的重要途径。其代表的社会融合与经济增长的协同发展，契合了习近平总书记在党的十九大报告中阐述的关于构建新时代，坚持和发展中国特色社会主义的十四条基本方略之一，即坚持在发展中保障和改善民生。

作为世界第二大经济体，中国的城镇化建设受到全世界的瞩目。根据联合国经济和社会事务部预测，至2050年中国将新增3亿人口进入城市（UN，2014）。城市人口激增既是巨大挑战，亦是发展机遇。城市新增人口对消费的拉动将成为未来中国经济发展新的增长点，而怎样吸纳如此大规模的新增人口进入社会保障体系则是政府面临的一大挑战。融入城市生活首要解决的问题之一就是居住。为实现"人人有房住"的政策目标，政府在需求侧和供给侧双管齐下：一方面，采取"严格控制大城市，积极发展小城市"的城镇化战略，疏解大城市（尤其是巨大和特大城市）的人口增长压力，减少大城市的新增住房需求；另一方面，大规模建设保障性住房（以下简称保障房），把进城落户农民纳入城镇住房保障体系，增加新增城市人口可支付的住房供给。福利国家理论认为，政府对市场的干预是追求经济效率和社会公平之间的平衡，在新型城镇化的背景下，如何制定促进城市包容性增长的住房政策，是当前我国住房体制改革的一个核心问题。

要真正做到"住有所居"和城市可持续发展，还需要很多新的思考和探索。本书写作的动机，虽有对当前城市住房问题的担忧，但更多的是看到了中国保障性住房发展的希望。基于受益范围和供给主体的地方性特征，保障房可视为一种城市公共物品。城市政府是保障房建设和运营的实施主体，在供给方面具有充分的主动权。"以房管人"是政府主导城市发展的重要手段，因此，保障房政策在推动城市人口结构转变的同时，也透射出城市政府对城市发展的定位，政府的规划决定了城市在经济和社会层面的大格局。另外，城市的发展也对公共物品的数量和质量提出了更高的要求。在现代城市中，城市公共物品的发展状况已经成为衡量一个城市文明与进步的标志。因此，相较于国家整体的保障房政策，从城市维度来研究保障房供给更具有现实意义（Zhou & Ronald，2016）。

"十一五"规划以来，我国大力建设保障性住房以推进农业转移人口在城市落户的发展战略。在西方许多国家逐渐将住房保障体系从政府主导转向市场发展的背景下，我国大力推进保障性住房建设的理论依据是什么？保障房供给对城市包容性增长的影响机理是怎样的？实践中，保障房供给对城市包容性增长究竟产生了怎样的效应？在新型城镇化战略的指导原则下，如何进一步完善城镇住房保障体系？对以上问题的回答，构成本书展开的线索。

1.2
研究意义

为了回答以上核心问题，此项研究的主要目标是定位保障房供给在新型城镇化战略中的角色，建构并应用城市包容性增长导向的保障房供给研究框架，结合理论与实证分析将社会融合与经济增长统一到保障房供给的研究图景中。

全文的总体目标，又可依据研究层次划分为以下3个子目标。在理论研究部分，通过机理辨析与框架构建，将现有的从城市到保障房供给的单向研究拓展为保障房供给与城市关系的双向研究，形成本书架构中的内核层；进而在实证研究部分，应用构建的研究框架，分别从内需和市民化两个视角对保障房供给与城市包容性增长的效应进行实证研究，并运用复杂系统思维构建保障房供给影响城市包容性增长的系统模型，开展情景模拟与政策仿真实验，为研究框架的应用做出探索性的尝试。实证研究部分构成本书的结构层，回答实践中保障房供给对城市包容性增长产生了怎样的效应。最后延伸到政策层，提出促进城市包容性增长的保障房供给政策导向，为新型城镇化发展阶段的住房体系改革提供科学依据。

保障房供给是城市经济社会复杂体系中很小的一个组成部分，而城市是相对宏大得多的概念，那么保障房供给对城市包容性增长的影响这个命题是否有意义呢？或者说，保障房供给对城市包容性增长是否会产生显著影响呢？以下从城市可持续发展、住房体系改革与国家福利制度转型三个方面，来探讨保障房供给研究的实践意义，同时阐述此项研究在理论上的探索。

1. 保障房供给直接影响城镇化的可持续发展

我国正处于快速城镇化阶段，城市新增人口的住房问题亟待解决。"十一五"规划以来，保障性住房的建设规模逐年增长，成为解决城市新增人口住房问题的重要手段。根据国际经验，我国保障房规模还将在长时间内随着社会经济发展而持续增长（贾康和张晓云，2012）。要满足如此大规模的保障性住房需求，促进农村转移人口市民化，城市政府在运用土地、金融、财税等各种工具时都面临挑战，并且各种政策和措施在实施过程中的非市场决策和分配也可能给城镇化带来风险。如何运用社会主义制度的优越性化解人口城镇化过程中的风险，同时发挥城市新增人口对内需增长的推动力，是本书致力于解决的现实问题。

2. 保障房供给研究助推与城市发展阶段相结合的住房体系改革

国家和地区在各个历史时期会选择特定的住房政策，这与其面临的住房与城市发展问题、经济发展阶段以及政治环境等密切相关。在西方发达国家，对于住房与城市发展的关系已有较深入的研究基础，比如迪帕斯奎尔和惠顿（Dipasquale & Wheaton，1996）、格拉泽（Glaeser，2006）等对住房供给与城市增长的关系构建的理论模型。在我国，住房与城市领域的交叉研究正在兴起，有学者结合中国数据进行了模拟与实证检验，将住房与城市的交叉研究引入了中国场景（Fu et al.，2008），也有学者结合中国快速城镇化的历史进程，探讨了农民工住房数量和质量对城市经济增长的影响（郑思齐等，2011）。但总体来说，住房与城市研究还处于起步阶段，尤其是将目光投向保障房领域，并探索保障房供给影响城市发展的理论与实证研究都鲜有所见。因此，本书试图在此研究方向上迈出一小步，对保障房供给与城市包容性增长的关系进行探索性的分析，期望能为我国新型城镇化进程中的住房体系改革制定提供参考。

3. 保障房政策在更大尺度上关系到国家福利制度转型

保障性住房政策的目标是推动低收入家庭的经济独立性，同时促进其就业和获取公共服务的便利性（刘志林等，2016）。以往关于住房保障制度的实施绩效的研究表明，保障房政策既能改善中低收入者的福利水平，尤其是居住条件和心理状况方面有明显改善（李梦玄和周义，2012），也可以提高整体社会福利（龙奋杰和董黎明，2005）。近年来，东亚国家的福利制度正在从"生产型福利"向"发展型福利"转变（陈杰，2012）。后者的特点是，社会政策不再从属于经济政策，而是相互并列。保障房供给的本质是城市发展与社会公平互动的一种内在逻辑，关系到国家福利制度转型。

4. 实践上亟需适应城市包容性增长理念的保障房供给理论框架作为指导

21世纪初至今，大量保障性住房的建设运营，对加快解决城镇中低收入家庭住房困难，促进经济社会和谐稳定和健康发展发挥了重要作用。然而在快速推进的同时，保障房政策的运行也暴露出许多问题，导致保障房政策在实践中偏离政策目标。深层次的原因在于保障房供给与地方政府对城市经济增长的追求存在目标冲突。与"二战"后英日等国政府大规模建设公共住房以解决战后住房严重短缺的历史时期类似，中国在保障房政策中的实践先于理论的发展。通过此项研究，希望能在众说纷纭的保障房供给理论中梳理出适应城市包容性增长理念的保障房供给理论框架，进而给出新型城镇化阶段保障房政策制定在理论上的指引。

综上所述，鉴于理论研究和实际管理的双重需要，本书试图在理论上对保障房供给与城市包容性增长的关系进行系统的解析，在实践上为我国新型城镇化进程中的保障房政策制定提供参考。

1.3
研究内容

本书的核心命题是从理论与实证两个方面考察保障房供给与城市包容性增长的内在联系，继而给出政策建议。围绕这个命题，正文主要从以下三个部分展开研究，按照理论分析—实证检验—政策建议的逻辑展开。具体结构如下：第一层次是理论研究部分，包括文献评述与展望、理论机理解析与研究框架构建。第二层次是实证研究部分，应用市民化与内需结合的研究框架，实证检验保障房供给对城市包容性增长的效应。第三层次是政策研究部分，提出新型城镇化阶段促进城市包容性增长的保障房供给政策导向。

全文共8章，各章节的内容安排如下（表1-1）。

各章节的内容安排   表1-1

章节	主要内容
第1章	提出研究问题、研究内容与研究方法
第2章	文献综述，提出理论框架的转变
第3章	探讨保障房供给影响城市包容性增长的逻辑，建立市民化与内需融合的研究框架
第4章	从拉动内需的视角探讨保障房供给对城市包容性增长的效应
第5章	从市民化的视角探讨保障房供给对城市包容性增长的效应
第6章	探讨保障房供给对城市包容性增长的传导机制
第7章	提出保障房供给促进城市包容性增长的政策导向
第8章	全文的总结，以及本书的贡献和不足

第1章，绪论。提出选题动机，给出选题背景和研究问题，分析研究目标和研究意义，阐述研究内容和研究方法，最后澄清对基本概念的理解。

第2章，相关理论与研究进展。对文献的回顾从保障房供给国内发展现状与国际经验借鉴以及国内外研究差异三个部分展开。这样做的依据是，我国的保障房政策是借鉴发达国家的模式建立起来的，国际经验对我国保障房供给的效果有先验性。同时，基于我国的基本国情和有中国特色的社会主义发展道路，我国的保障房供给在市场表现、运行机制和利益主体关系上又具有特殊性。因此，对国内外研究现状进行比较，有助于理解当前新型城镇化背景下我国保障房供给的目标与制度安排。

第3章，保障房供给对城市包容性增长的影响机理。影响机理通过城市集聚—住房短缺—保障房供给的逻辑层层推导。首先阐述城市包容性增长追求经济增长与社会融合的双重逻辑，继而梳理住房对城市经济增长和社会融合的重要影响，最后探讨保障房供给与城市包容性增长的关系。在此基础上，结合新型城镇化发展理念，构建市民化与内需融合的研究框架。这一章是后续章节展开的理论基础，也是本书研究的重点。

第4章是应用市民化与内需融合框架的第一个实证，从内需的视角研究保障房供给与城市包容性增长的关系，探索保障房供给拉动城市内需的效应。首先从拉动城市内需的视角，构建了反映城市包容性增长动态变化的指标体系，继而对保障房供给与两者之间的关系开展了现象描述与模型检验。这一章将城市繁荣与包容统一到保障房供给的研究图景中，回答实践中保障房供给对城市包容性增长产生的效应。

第5章是应用市民化与内需融合框架的第二个实证，从市民化的视角研究保障房供给与城市包容性增长的关系，探索保障房供给落实流动人口市民化的效应。旨在更近距离地观察保障房供给对流动人口产生的影响，以及如何通过人的作用传导到城市包容性增长。这一章以重庆市保障房为案例展开调研，重点观察了保障房对于在城市中生产生活的流动人口的影响，从而检验保障房供给对城市包容性增长的效应。

第6章是应用市民化与内需融合框架的第三个实证，引入复杂系统论的研究工具，探索保障房供给对城市包容性增长的传导机制。这一章沿着理论部分的机理分析，构建了将保障房供给政策融入城市包容性增长战略的城市系统模型。继续以重庆市为研究区域，基于城市包容性增长系统动态模拟，开展保障房供给政策仿真实验，为下一章提出保障房供给政策建议提供依据。

第7章，提出保障房供给促进城市包容性增长的政策导向。基于前一章政策仿真实验中得到的两点启示，从整体上优化与完善住房体系的视角对保障房供给政策导向提出建议，并描绘保障房供给政策改革的动态路径。

第8章是对全文的总结。梳理了本书得到的主要研究结论，讨论本书在理论分析、实证检验和政策研究中可能存在的特色与创新之处，同时也指出研究的不足并提出展望。

1.4
研究方法

本书以理论和实证研究相结合，以定性和定量研究相结合的方法展开，在研究工具的应用上进行了一些探索性的尝试。主要研究内容对应的研究方案具体如下：

（1）运用历史与逻辑相结合的分析方法，构建保障房供给与城市包容性增长的研究框架。在本项研究中，历史是指保障房供给研究与城市包容性增长理论的发展历史，逻辑是指两者之间的互动关系。运用历史与逻辑相结合的方法，对保障房供给与城市包容性增长的脉络进行推演，对城市包容性增长的双重逻辑进行阐释，对保障房供给对城市包容性增长的效应进行剖析。以逻辑总结历史，以历史证明逻辑。

（2）运用多重因果分析的方法，对保障房供给与城市包容性增长的关系开展实证研究。从拉动城市内需的视角，将城市包容性增长定义为城市集聚度与城市包容度，采用AMOS软件构建结构方程模型，探索集聚度、包容度与保障房供给的相关性。在此基础上，进一步探索保障房供给促进城市包容性增长的基础要素及传导机制。

（3）运用案例分析方法，从市民化的视角，探索保障房供给落实流动人口市民化的效应。对重庆市公租房展开深入的调查研究，从基本理念、政策目标、保障对象、政策手段等各方面进行客观评价。分析重庆市公租房供给对流动人口融入城市的生活就业等各方面产生的影响，从而探索我国保障房供给对城市包容性增长的效应。

（4）运用系统动力学的方法，构建SD模型，通过情景模拟与政策仿真实验为保障房供给政策提供依据。借助Vensim软件，构建保障房供给影响城市包容性增长的系统动力学模型，研究在不同的保障房供给政策导向下的城市包容性增长情况。根据城市系统模型的情景模拟结果，分析保障房供给政策的适应性。通过敏感性分析，实现管理策略选择和优化，为政府制定住房保障政策提供依据。

基于本项研究的分析框架和方法体系，研究脉络通过以下技术路线图（图1-1）展现。首先，对我国住房保障制度和城市包容性增长的历史背景进行梳理，并系统分析国内外研究进展，在此基础上提出研究问题。其次，论证保障房供给对城市包容性增长的影响机理，并构建研究框架。再次，应用此分析框架，展开保障房供给对城市包容性增长效应的实证检验。理论与实证层层递进，理论分析始终作为实证检验的基础，实证检验为理论分析提供了支撑。最后，提出促进城市包容性增长的保障房供给政策建议。

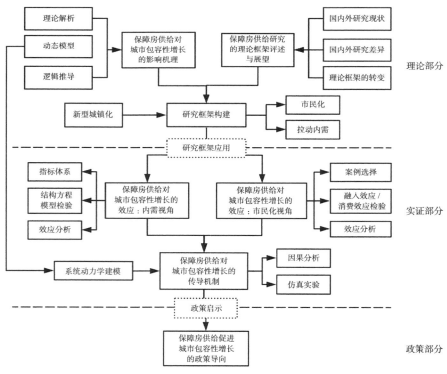

图1-1　技术路线图

1.5
基本概念

在开始正文主体部分之前，有必要先澄清两个基本概念：保障房与保障房供给。首先明确什么是保障房？保障房是保障性住房的简称，对它的阐释关键是怎样理解保障性。广义上来说，将保障性住房理解为在政府干预下带有政策性质的住房，或者说除了自由市场提供的商品房以外的其他住房。狭义上来说，是指全部或部分产权归政府所有的面向特定人群的住房。例如中国的保障房包括经济适用房、公共租赁房、廉租房、共有产权房等。在此，花一点笔墨区分一组容易产生混淆的概念——住房保障与保障性住房。从性质上区分的话可以概括为，住房保障是一种制度，是社会保障的重要组成部分；而保障性住房是住房保障制度普遍采用的一项政策工具，根据供给主体、对象、权属等差别可以分为多种类型。

接着回答什么是保障房供给，本书研究中对这个概念的定义是，在住房保障制度的目标框架下，通过实物分配的形式保证城市中的居住权力[①]。因此，保障房供给研究涵盖保障房为何建、为谁建、如何建和建后管理等一系列问题。基于我国目前城镇化处于大量流动人口快速迁入的历史时期，本书主要讨论前两个问题，即保障房供给的原因以及供给对象，以此来考察保障房供给的效应。有必要指出的是，此项研究中的保障房供给并不局限于政府直接提供，引入社会组织与开发商，采用公私合作、构建多元主体竞争加以提供（马秀莲，2018），是更具有可持续性的供给模式。基于我国目前保障

[①] 有学者认为严格意义上，农村的住房都属于保障房，因为农村的住房是在乡镇政府审批的宅基地基础上建立的，土地来源是无偿划拨，住房没有产权，不能进入市场（倪鹏飞，2017）。作者同意此种观点，但是需说明的是，本书聚焦的是城市中的保障房。

房政策的焦点，本书讨论的重点以政府为分配主体的保障性住房[①]，以下简称保障房。

本书需要进一步阐述的观点是，虽然提高保障房存量在住房体系中的占比，可以从整体上增加住房的可支付性，但这并不代表保障房供给的直接目的是稳定或降低商品房价格。政府以直接供给的手段对住房市场进行干预，必然在住房市场形成二元体制，或称双轨制（尹梦霞，2012），一个是政府主导的保障房市场，一个是市场主导的商品房市场。在这两个市场之间，划清政府与市场的边界，才能使得政府的干预在某种程度和范围内获得实施效率。在我国住房体制改革的早期，保障房供给的目的或许是作为助推房地产市场发展的政策工具。在如今的新型城镇化阶段，大规模建设保障性住房，是对包容性发展理念的一个具体响应措施。排除了这个广泛存在的错误理解，就不难看清保障房供给的真正目的，从而再来分析保障房供给对城市包容性增长的影响也就有了稳定的基础。

对保障房供给的利益主体和运行机制的辨析较为复杂，留到第2章保障房供给研究综述中进行具体展开。本书涉及的其他关键概念，包括城市包容性增长、市民化与内需将在第3章进行详细的阐述。

[①] 在国际文献中可对应公共住房，对此概念的国际比较与阐述参见陈杰（2012）。

2

相关理论与
研究进展

对保障房供给研究文献的回顾包括国内发展现状与国际经验借鉴，以及比较国内外研究差异三个部分。这样做的思路是，我国的保障房政策是借鉴发达国家的模式建立起来的，国际经验对我国保障房供给的效果有先验性。同时，基于我国的基本国情和有中国特色的社会主义发展道路，我国的保障房供给在模式和机制上又具有特殊性，通过市场表现、运行机制和利益主体关系表现出来。对国内外研究差异的探讨有助于理解当前新型城镇化背景下我国保障房供给的目标与制度安排。通过文献回顾与梳理，进而对保障房供给研究的理论框架进行评述与展望，给出本书的切入点以及研究基础。

2.1 保障房供给研究的国内现状

自 20 世纪末我国实行住房体制改革以来，国内学术界从保障房制度的历史演变和这种演变的经济社会影响这两个视角对保障房制度进行了大量的研究。以下按主题分类，从市场表现、运行机制和利益主体三个方面进行评述。

2.1.1 保障房供给的市场表现

保障性住房的表现在城市间有较大差异，部分城市供大于求、部分城市供不应求（徐虹，2011；陈健和高波，2012）。徐虹（2011）、贾康和张晓云（2012）认为在城市化水平和财富分配格局两者的影响下，住房保障水平将以倒 U 形状呈现。毛丰付和王建生（2016）发现保障性住房对人口流动有显著影响，保障性住房的增加可以促进人口流入，并且其促进作用在东部沿海地区更为突出。大城市中保障性住房供给不足与商品房价格快速上涨导致了住房供给和需求的结构性错配。王先柱和赵奉军（2009）、Zhao（2012）和

Liuet al（2018）等学者对城中村、小产权房等非正规住房的成因、现状和问题进行了深入研究，为保障房供给的发展方向提供了视角。

基于阿马蒂亚·森的能力方法理论，李梦玄和周义（2012）建立了保障房社区居民福利的评价指标体系，在基本的功能性指标外，加上了代表可行能力的心理状况指标。通过对武汉公租房（包括廉租房）的问卷调查数据显示，使用模糊评判方法对保障房居民的福利变化进行了测度，发现居住条件和心理状况有明显改善，但交通和生活条件反而恶化。可见，保障房的空间布局在很大程度上影响住房保障政策成败（张祚等，2010；王效容，2016；刘玉亭和何微丹，2016）。许多学者担心选址偏远、集中建设和配套滞后的保障房项目将导致类似许多西方发达国家都曾经并仍在经历的社会隔离（Anderson et al.，2003）。乐观来看，与西方发达国家相比，我国无论是阶层关系、居住空间格局，还是居民的心理接受程度，都具有推广多元混居模式的先天优势（赵聚军，2014）。

2.1.2 保障房供给的运行机制

对我国保障房供给运行机制的讨论，离不开土地、资金和政治三个重要因素。在土地供给方面，吴宇哲和王薇（2016）认为地方政府在保障房用地供给中缺乏积极性，因为住房保障项目建设需要以土地划拨的形式获得土地供给，而城市经济增长在很大程度上依赖土地出让获取财政收入，对土地资源同样的需求和不同的供给方式，导致两者存在利益冲突。罗森和罗斯（Rosen & Ross，2000）、Zou（2014）都认为导致保障房政策实施与设计间形成巨大差距的原因之一是我国的土地供给机制。

在资金方面，中央财政在保障房建设中的投入虽然不断增长，且比例相对稳定，但是与流动人口的流向相背离。县、市级政府一直是保障房建设资金投入的绝对主体（齐慧峰和王伟强，2015）。由于基础设施的提升能够有效地吸引投资，从而促进地方经济增长，因此与保障房建设相比，地方政府更愿意将财政投入到基础设施建设中去（Zou，2014）。当然，保障性住房也并非单一的公益物品，它也完全可以通过市场途径来进行经营并取得盈利（郭湘闽，2011）。

有学者发现中央政府和地方政府之间的权力、激励、责任和收入来源的分配与国家保障性住房的目标相冲突（Zou，2014）。因此，财政分权和政治竞争成为阻碍保障房有效供给的传导机理（魏建和张昕鹏，2008；贾春梅，2012）。林立（2015）基于区域协调发展和社会福利最大化两个视角对保障房供给机制进行了博弈分析，得出差异化的保障房建设指标对地方政府具有激励作用，同时建议在商品房市场需求旺盛时扩大保障房供给规模，但切忌过度提供，以免降低社会整体福利。

2.1.3 保障房供给的利益主体

保障房供给涉及多利益主体，主要包括中央政府、地方政府和房地产开发企业，其相互间的利益关系决定了保障房制度的实际发展方向与进程。在保障房制度中，地方政府与中央政府存在着理性且非合作博弈关系（董昕，2011；孙文亮，2016）。在"土地财政"时期，保障房的供给大量减少地方政府的财政税收（谭锐等，2016），并且其成效具有明显的外部性，因此地方政府缺乏建设保障房的积极性与主动性（谢志岿和曹景钧，2012）。而中央政府基于维持社会和谐，维持房地产市场稳定发展的目标，则需要通过保障房政策提高社会整体的住房水平（吴宇哲和王薇，2016）。房地产开发企业作为理性经济人，始终以追求经济利益最大化为决策依据，其在保障房供给中的行为主要受到政府规制的约束（邓宏乾，2015）。在多利益主体中，地方政府起到关键作用。对中央政府而言，它是保障房政策的代理者；对房地产开发商而言，它既是规制者又是共谋者，这些相互制约的身份所带来的冲突，在很大程度上致使地方政府在保障房政策实施过程中采取了目标替代，不执行中央政府关于从土地出让金中提取保障房建设资金的规定，甚至违法套取或挪用中央补助资金（谢志岿和曹景钧，2012）。

吕萍和陈泓冰（2014）构建了房地产企业、地方政府和家庭三方利益主体在商品房与保障房市场中的决策博弈模型，提出遵循住房过滤理论建立存量商品房与保障房互动机制，才能在促进住房市场良性运作的同时提高住房保障绩效。然而，我国住房保障政策发展历史中包含了多种类型的保障性住房，这些政策目标各异的保障性住房并非都属于国民收入再分配性质。因此，有学者强调必须从流动人口的视角，审视保障房供给责任主体与再分配职能的错位，才能挖掘出住房保障进展缓慢的深层次原因（齐慧峰和王伟强，2015）。

2.2
保障房供给研究的国际借鉴

在国际上，住房保障制度起源于政治上的需要（Tipple & Willis，1991；O'Sullivan & Gibb，2003），当时既没有对该制度合理性的经济学分析，更没有对特定政策效应的经济分析（O'Sullivan & Gibb，2003）。发展至今，主流经济学已为该制度的存在提供了充分的理论基础（Dipasquale & Wheaton，1996；陈超等，2011），其论述集中于住房和住房市场的许多特性，而这些特性都很容易造成市场失灵。例如里根时代，美国减少联邦政府对城市事务干预的政策，造成了大量无家可归者和种族居住区分割等城市问题（王佃利，2009）。因此，基本上所有国家政府都干预住房市场（张鸿雁，2017）。不仅是中国，所有经历工业化发展的国家都具有住房保障制度。

不论是发达国家还是发展中国家，都曾面对或正在经历住房短缺的危机（Moore，2016）。尤其是发展中国家，在城市化过程中出现的贫民窟现象往往成为社会动荡的根源。基本上所有的国家和地区都提供住房保障，其中一种手段就是直接供给保障房。学者们基于不同的历史、文化、政治、经济背景观察各地保障房供给的实践，取得了丰富的成果。

2.2.1 保障房供给的多种模式

20世纪末开始，为穷人提供住宅是人类面临的一个巨大挑战，尤其城市人口剧增的发展中国家（Tipple & Willis，1991）。1988年，联合国大会决定建立一个为穷人提供居所的全球战略（Resolution42/191of 1988），鼓励政府协助现有和潜在的住房建设的参与者为各类需求者提供足够的居所。

让-克洛德·德里安（Jean-Claude Drian）将保障住房政策模式分为三类，即剩余模式、一般模式和普惠模式，他遗憾地揭示了许多实行普惠模式和一般模式的国家正在向剩余模式转变的现实（德里昂等，2009）。也有学者将住房保障模式从简归为两类，即美国自由市场模式与欧洲社会市场模式（贾康和张晓云，2012）。

美国的住房法规定每建设一单位的公共住房，就要拆除同样面积的老旧住宅，以防止大规模的保障性住房冲击房地产市场。此政策延续了很长时间，也成为公共住房促进私有住房市场发展的一项有力措施（Madden & Marcuse，2016）。美国推行了"希望六号"计划，旨在将公共住房从原来严重衰败、贫困的社区转变为新的、混合居住的社区，类似于房地产市场中的普通住房（McKay & White，2002）。证据显示，鉴于住房的实用性，既包括建筑结构、大小和质量问题，也包括就业和贸易相关的区位问题，许多人宁愿非法占用房屋或露宿街头，也要搬出专门为穷人提供的居住场所（Jagannathan & Halder，1988）。

巴黎的住房私有率很低，很大比例的人都是通过社会住房的保有权形式来满足住房需求。巴黎的社会住房可以是租，也可以买，制度设计中并没有蕴含社会阶层差异，提倡混合居住。巴黎曾经也试过在郊区或公共交通可通达的副城，集中建设公共租赁房，但是后来发现这种模式人为地造成了社会阶层的分化，而且会引起社会不稳定等问题（罗惠珍，2015）。

日本、新加坡与中国香港等国家和地区是典型的二元化住房体制，以政府为主导实施公共住房的开发与管理（谭禹，2010），大规模地实施住房保障（张祚等，2010；马庆林，2012）。这种二元模式的理论基础是住房的双重属性，即住房属于私人物品又同时具备准公共物品的属性。这种双重属性，是住房政策制定者难以制定有效政策的重要原因。

2.2.2 保障房供给的多重目标

住房政策和计划倾向于作为政治上的需要，而不是对于个体家庭居住情况和住房需求的理性分析（Tipple & Willis，1991；O'Sullivan & Gibb，2003）。因此，保障房制度起源于政治上的需要。随着历史发展，保障房供给的讨论焦点逐渐延伸到了经济、社会、环境等多个领域。

英国政府在"二战"后大量兴建公共住房，是为了容纳战时住房被损毁的居民，当时的目标是让每一个家庭都有一套住房（O'Sullivan & Gibb，2003）。持续多年的大规模建设后，住房存量超过了家庭数量，政府开始将周边环境纳入保障房质量的重要评价指标，并转而关注对保障性住房的经济评估。

美国保障房政策的出发点是提供低成本的住房和降低低收入家庭的住房负担（巴曙松等，2011），在追崇自由市场体制的框架下，其目标一直受到商品房市场趋势和政治环境改变等因素的裹挟。美国保障房历史上的重要转折点是席卷全球的次贷金融危机（Cowans & Maclennan，2008），此后虽然美国联邦政府缺位于引领全国的租赁住房政策，但许多州政府和地方政府主动填补空白，因为他们越来越清晰地认识到保障房供给与未来经济活力之间的关联（Cowans & Maclennan，2008），有些城市甚至专门为流浪汉建造住房[①]。

---

① 比如，美国伯克利的非营利住房组织 AH 耗资 650 万美元建造的哈蒙花园，是为 15 位流浪青年提供住房和服务的项目。

瑞典等实施社会住房的国家，将住房保障的社会目标置于经济目标之上。认为住房政策的目标不是为了市场利益的最大化，而是要通过有效的、与市场原则一致的干预，实现社会利益的最大化。建立在这种意识形态基础上，与英美模式的社会住房不同，北欧国家社会住房不是一种与市场隔离的、残余化的、针对弱势人群的住房，而是一种面向社会各阶层、与营利型住房在同一个市场上竞争的住房。此种社会住房利用其成熟化过程带来的逐渐降低的成本，为人们提供可以负担得起的住房，同时起到调节市场住房价格的作用（Kemeny，1995）。

当保障房制度发展到成熟阶段，保障房建设对环境可持续性的作用开始受到住房保障政策制定者和建议者的关注（Arman et al.，2009）。

2.2.3 各国经验比较与借鉴

由于各国社会保障的理论基础不一样，各国的住房保障制度也不可避免地打上这些烙印而显示出多样性（陈杰，2012）。表2-1列出了多个国家的保障房制度目标和特点上的差异。

各国保障房制度差异 表2-1

国家	城市	对应名称	目标	特点
美国	纽约、芝加哥	公共住房	提供低成本的住房和降低低收入家庭的住房负担	确保私有住房市场健康发展是制定住房政策的根本，强调政府的有限责任，因此每建设一单位的公共住房，就要拆除同样面积的老旧住宅，以防止大规模的保障性住房冲击房地产市场；公共住房已从大规模兴建阶段转为萎缩阶段
英国	伦敦、伯明翰	社会住房	为低收入群体提供租赁性质的保证其居住权的可支付住房，保证社会稳定	执政党交替过程中，保障性住房政策反复变革。地方政府退出保障房建设，"第三部门"成为社会租赁住房的供给主体，直接申请中央政府财政补贴，形成混合模式
法国	巴黎	社会住宅	提倡混合居住以削弱社会阶层分化	可以租，也可以买；不仅仅面向低收入人群，较高收入者也可以租；没有退出机制

续表

国家	城市	对应名称	目标	特点
日本	东京	公营住宅	向低收入群体直接提供住房支持，应对"二战"后严重的住房短缺	政府对住宅建设的数量和质量都有详细的标准；法律法规起到指导作用；以五年为一个规划期，根据需求演变调整侧重目标
新加坡	新加坡市	组屋	控制收入不平等，结合城市发展空间规划引导人口分布，促进种族融合	配套基础设施完善，交通便利；80%以上的居民居住在以组屋为主的公共住房中；可以出租也可以出售，除了提供给中低收入者的组屋外，也有面向中高收入的公共住房
瑞典	耶夫勒	成本型租赁住房	提供可以负担得起的住房，同时起到调节市场住房价格的作用	将住房保障的社会目标置于经济目标之上，认为住房政策的目标不是为了市场利益的最大化，而是要通过政府干预，实现社会利益的最大化
瑞士	苏黎世	非营利性住房	通过市场力量解决倾向性的住房短缺	以住房合作社为主的私人众筹自建，土地出让参照市场价格，政府财政支出少，主要起到政策支持与监督作用
越南	河内、胡志明市	可支付租赁住房	提高生产力和促进城市包容性增长	以租赁型的保障性住房为主，关注公共财政支出效率以及最低收入者的支付能力，试图在市场主导的住房部门内，重新巩固政府的作用

数据来源：作者根据张祚等（2010）、马庆林（2012）、裘知（2014）、杨昌鸣等（2015）、World Bank Group（2015）、刘志林等（2016）、贾如君和李寅（2016）、Shamsuddin & Vale（2017）等文献归纳整理。

　　拉美地区在经历城市人口爆炸式增长后，由于公租房数量相当有限，自建房成为主要的住房供给模式，其住房自有率达到70%～90%，远超世界平均水平，其中也包括大量建于贫民窟的非正规住房（魏然，2014；陶希东，2015）。我国以城中村为代表的非正规住房在许多大城市的住房存量中已占据不小的比例（Zhao，2012；2018）。虽然此类非正规住房在配套和安全等方面，并不像贫民窟那样令人担心（陶希东，2015），但这类住宅的广泛存在同样体现了政府在对话城市发展中的困难与应对住房需求中的失职。

要吸取拉美的经验教训，在实行城中村改造中权衡经济增长与社会融合之间的利弊得失，为我国城镇化进程中保障房供给规模的设计提供借鉴（丁成日等，2011）。

与我国政治体制相似、地缘相近的亚洲发展中国家越南，同样正在经历经济和城市人口的快速增长。它将保障性住房发展作为提高生产力和促进城市包容性增长的工具（World Bank Group，2015），推动制度改革和土地税收改革，以支持地方政府在保障房政策中更有效地行使代理职能和进行融资与土地安排。

我国住房问题与英国类似，住房市场的供需失衡源于大量外地人口流入和住房投资对普通商品房的冲击（朱晨和岳岚，2007）。英国政府将保障房定义为当拥有产权无法实现时，为低收入人群等群体提供租赁性质的保证其居住权的可支付住房（CLG，2007）。借鉴英国通过城市规划对住房市场进行调控的理念和实际操作，可以指导我国的保障房供给体系。德里昂等（2009）根据对法国住房发展的观察，提出房价快速上涨和保障性住房供给不足会恶化社会隔离的现象，同时他提到必须分散或打破社会住房的集中布局，以促进社会融合。日本同样经历了大城市地价快速上涨且人口密度高的过程，其在应对大城市住房困难中的成功经验，也提醒我们要推动住房发展规划立法（马庆林，2012）。

在美国，尽管许多的文献对公共住房的建筑质量、公共安全等进行了负面的描述和评价（Popkin，2016），但事实上，大多数的公共住房都能达到甚至超过政府标准，近一半的公共住房发展秩序比私人住宅更胜一筹（Bloom et al.，2015）。美国保障房建设中的PPP模式对我国保障房建设中面临的资金来源困难具有借鉴意义（马秀莲，2016）。美国非常关心保障房的混合居住与公共安全问题。"希望六号"计划目的是提供住房以避免或减少最贫困的家庭在地理位置上的大量集中，希望将美国的公共住房从集中布局、高密度的旧模式转变为分散布局、低密度、混合居住的开发模式①。阿利普兰蒂斯和哈特利（Aliprantis & Hartley，2015）测算了保障房发展模式转变对城市区域公共安全的影响，结果显示总体来看新模式降低了犯罪率。安德森等（Anderson et al.，2003）回顾了美国混合收入住房开发项目和住房与城市发展部的租房券项目对增加可支付住房和减少居住隔离的效应，但由于缺乏比较研究，仍无法确定混合住房发展的有效性。

我国内地的住房保障制度起源于新加坡的模式（张祚，2010），伴随住房市场快速发展，又呈现出美国的边缘化模式（杨昌鸣等，2015）。陈卫东和周景彤（2010）强调继续扩大保障性住房建设和覆盖范围，实行以实物建房为主的住房保障模式。贾康和张晓云（2012）也认为欧洲模式更符合我国国情与现阶段的经济社会状况。从"十一五"规划以来，我国开启了新一轮的保障性住房大规模建设。"十二五"规划期间，完成新建3600万套保障性住房，为"十三五"期间容纳1亿左右农业转移人口和其他常住人口等非户籍人口在城市落户作了部署。巴曙松等（2011）研究认为初始阶段以新建为主，侧重于供给端补贴，后期则可能逐步过渡到以需求端补贴为主。

从国外发达国家和发展中国家的经验得到启示，在城镇化过程中我国政府不能完全依赖市场机制解决住房问题，必须正确估计农村转移人口对住房的需求，通过保障房政策和规划等手段把握主动权，以免在贫民窟等城镇化副产品中重蹈覆辙（施晓俭，2010）。城镇化进程是保障房供给模式的重要决定因素，在快速城镇化阶段，政府直接提供保障房是通用手段，一方面快速解决住房短缺，另一方面投资拉动经济增长。但进入城镇化稳定阶段后，住房保障应以货币化补贴为主，避免过多的住房存量对经济体系造成的负面影响。欧洲发达国家采取的社会住房模式有其借鉴意义，但考虑到中国的社

---

① 资料来源：美国住房与城市发展部（HUD）政策发展与研究办公室（PD&R）网站，http://www.hud.gov/o_ces/pih/programs/ph/hope6/about/.

会治理基础与所处的发展阶段，尚未对自下而上的模式形成支撑。虽然中国的社会主义福利制度发展到更具市场化的态势（Zhou & Ronald，2016），但中国政府仍要继续按照促进社会公平与融合的动机调整住房制度。

2.3
国内外保障房供给研究差异

根据前两个小节对国内和国际上的住房保障研究的梳理，可以看到对于保障房供给的研究在世界范围内广泛存在，但研究内容的偏好有很大差异。许多研究赞同住房可支付性的下降会引起严重的经济和社会问题（Berry，2003；Quigley & Raphael，2004；Tao et al.，2015），在住房缺乏可支付性对经济的竞争力和效率以及维持社会和谐的凝聚力都有负面影响这个观点上也基本意见一致。但对于保障房供给是否能促进住房的可支付性，学者观点不一，这也体现在保障房政策制定和实施的不同逻辑中（Shamsuddin & Vale，2017）。

研究内容上的差异反映出各国住房保障政策目标的差异。有的国家将政府持有的保障性住房转给私人机构，减少政府投入，并通过市场化提高效率。而有的国家却往相反的方向进行改革，加大保障性住房的政府干预力度。联合国人居署等国际机构一直在强调住房在生活质量中的关键作用，督促发展中国家政府制定强有力的住房政策，以创造有利的环境，增加保障性住房的供应。在许多发展中国家，这个建议是正确的。更多的保障性住房供给，将减少贫民窟的出现，促进城市化的可持续发展。然而，对于已经进入逆城市化过程的发达国家的城市来说，这个建议可能就不适用了。阻止住房蔓延，减少住房建设对环境的负面影响，才是政府在住房领域需要重点关心的问题。

自20世纪末我国实行住房体制改革以来，国内学术界从保障房制度的历史演变（赵路兴和浦湛，2003；李鸿翔，2007；贾康和刘军民，2007；蒋和胜和王波，2016）和这种演变的经济社会影响（李鸿翔，2007；郑思齐等，2011；赵聚军，2014）这两个视角对保障房供给进行了大量的研究。主题大致涵盖保障房的市场表现（邓卫，2001；龙奋杰和董黎明，2005；吕萍和陈泓冰，2014）、运行机制（魏建和张昕鹏，2008；郭湘闽，2011；Zou，2014）、利益主体（赵路兴和浦湛，2003；吴海瑾，2009）以及国际借鉴（吴宇哲和张蔚文，2002；巴曙松等，2011；刘志林等，2016）几个方面，可谓涉及面广泛，研究方法多样。丰富的文献资料为本书的研究建立了良好的基础，并提供了多角度的启示与指导。

从国际经验来看，保障房政策的制定与实施在世界范围内广泛存在，如瑞士苏黎世的非营利性住房（贾如君和李寅，2016），法国巴黎的社会住宅（罗惠珍，2015），瑞典的成本型租赁住房（Kemeny，1995），新加坡的组屋（张祚等，2010），中国香港的公屋（谭禹，2010），美国的"希望六号"计划和"选择性邻里"计划等公租房更新政策（杨昌鸣等，2015）。虽然各个国家和地区的经济社会体制以及特定历史时期的主流政策理论思潮有相当程度的差别，但其面临的住房与城市发展问题仍存在不少共性。随着近现代适足住房权运动的兴起，国际学者以这些住房保障政策案例为基础在公共经济学和社会福利理论基础上，发展出了社会住房理论（Kemeny，1992；1995）、福利国家理论（Barr，1998）、住房供给与城市增长模型（Glaeser et al.，2006）等许多前沿理论，构成当前政府干预住房体系并构建保障房政策的基础理论。

可以这样评价，国际学者在住房问题的一般性、普遍性问题上研究得更为深入与前沿，但对中国的保障房制度缺乏一个适合中国国情的全面评估与解析。而国内学者虽然对我国保障房制度做了很多符合中国国情的解读，但是因为中国住房问题具有很强的特殊性，学者往往跳出经典理论框架，开辟新的概念领域进行解读。而且由于我国城市发展研究的积累尚浅，在城市这个复杂系统里要探讨的内容很多，将保障性住房纳入城市研究领域的文献屈指可数。学者更多地从住房问题的具体实践切入，对保障房制度进行对策研究，缺乏系统的解读以及与国际上经典理论的对话。

2.4 保障房供给研究理论框架评述与展望

国际上的住房保障制度和发展模式总体趋向于从政府主导转向市场发展，从实物补贴转向货币补贴（倪鹏飞，2017）。经济学领域的专家（Dipasquale & Wheaton，1996）认为，在21世纪，政府应该减少对公共住房的投入，更多地让市场发挥调节作用。而中国政府从21世纪初开始大量兴建保障房，这样做的理论依据是什么？理论基础不仅会影响政策决定，也会影响人们对政府提供保障房的看法。不论从经济还是社会方面来看，适合的解决方法不仅要遵循具有普适性的理论原理，也要取决于特有的政策背景和市场体系的力量。

2.4.1 隐含的理论框架

住房保障制度的演化，是历史、文化以及国家的福利体制等许多原因长期积累的结果。自20世纪后期开始，全球社会都受到自由主义经济理论的影响，这种影响也渗透到了住房研究中，一种占据统治地位的话语认为，住房可以通过自由市场的配置功能来实现，国家主导的保障房是作为市场住房补充的安全网，随着自由住房市场的发展，最终都将走向一种最小化、残余化的模式。

政府干预住房市场的手段不外乎三种：政策法规、税收或补贴以及直接供给（O'Sullivan & Gibb，2003）。其中，直接供给手段即由政府提供保障房。早期的美国几乎所有人都认为公共住房供给是一个糟糕的政策（Blokland，2008），政治家批判它相当于在住房领域政府用公共财政与私人企业竞争（Jackson，1976）。

中国的住房政策制定也深受这种思想的影响。自改革开放以来，为抓住发展机遇，我国采取了"效率优先，兼顾公平"的原则。住房自由市场的蓬勃发展在一定阶段造成了保障房供给的边缘化，社会效益成为确保经济效益的从属性目标。住房保障项目建设需要以土地划拨的形式获得土地供给，而城市经济增长在很大程度上依赖土地出让中获取财政收入，对土地资源同样的需求和不同的供给方式，导致两者存在利益冲突（吴宇哲和王薇，2016）。因此，在住房保障制度的实际运行过程中，地方政府并不具有内在驱动力，表现得缺乏积极主动性。

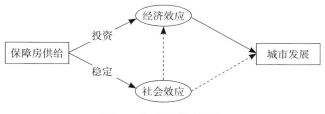

图 2-1　隐含的理论框架

将这个阶段的保障房供给政策所隐含的思想抽象出来，刻画为图2-1的理论框架。在这个框架中，保障房供给通过拉动投资促进城市经济增长（马秀莲，2018），其社会效应主要是维持社会的安全与稳定。社会效应与经济效应无法协同，因此从经济视角考量保障房供给，则关注它对商品房市场的挤出和地方政府财政的压力。同时，相比城市经济发展状况，由于城市社会发展状况在城市发展总体评价的权重较低，并且对城市发展的贡献无法与经济发展并驾齐驱。

作为一个发展中的经济体，政府把社会政策都纳入到经济发展的宏观目标之下，有其内在合理性和合法性依据（陈杰，2012）。发展经济是一项至关重要的任务，社会政策尤其福利政策服务于经济发展大局。在这样的体制下，作为一种社会保障政策，城市政府在制定具体的保障房供给政策时，其目标是降低劳动力成本，留住精英人才。为适配促进经济发展的目标，城市政府更愿意鼓励居民自我获得或者借助政府资助而获得住房产权，而不是提供廉价的租赁。居民借助住房资产实现自我保障，可以减少对社会保障的依赖性。这样政府可以减少福利方面的开支，集中资源用于经济建设。如果政府施政只是遵从经济逻辑，而不考虑社会逻辑和人的基本需要，城市就会按照阶级和经济能力被分化为两个社会（陈和顺，2013）。

2.4.2 理论框架的转变

随着城市化的推进，中国人口结构快速老龄化和土地财政的不可持续将导致劳动力供给和房地产市场产生重大变化。在经历了十几年城市化模式的争论之后，对城市发展的关注由城市的外向发展回到了城市自身的内在变革，大城市的发展问题尤其受到关注（王颖，2000）。涌入大城市的"隐形人口"与城市原住民之间的两极分化将会引起冲突，因此社会融合也由此成为一个新的研究焦点。经济形势的转变，也需要重新配置投资、出口、消费这三驾马车对经济增长的拉动作用。而这些要素的变化会迫使城市发展方式发生转变，经济增长和社会融合如何协同发展引起越来越多的思考（陆铭，2016）。政府在重新思考保障房供给对城市发展效应的过程中，政策的内生变迁应运而生，其来源于对社会稳定和经济转型的需求。

在新型城镇化发展战略指导下，市民化和拉动内需内化为城市化和城市发展的重要任务。感知到城市化与城市发展过程中已经出现或将要面对的挑战，各个城市，尤其是人口流入较多的大城市、特大城市和超大城市，已经在逐步改变保障房供给政策导向，推动了保障房供给政策创新。例如，近年来开展得如火如荼的城市"抢人"政策。成都、杭州、厦门等许多城市以降低申请门槛、租金优惠或改善房源条件等保障房供给政策吸引人口迁入。与此同时，中央政府正在探索的房地产税收制度的改革，将使地方财政脱离对土地财政的高度依赖（中国金融人论坛课题组和周诚君，2013），而地方政府的角色将发生转变，完全有可能从土地的经营者转向土地市场的监管者和公共政策制定者。

深圳市为保障房供给政策的内生变迁提供了很好的案例。深圳市的非正规住房占全市住房存量的一半，主要形式是遍布于高楼大厦和产业园区的城中村。长期以来，深圳市将拆除城中村作为城市更新的重要目标。随着拆除计划效果的逐步显现，城中村对城市发展的正面价值也越来越被社会认同。城中村为流入人口提供了可支付的居住空间，相当于提供了市场为主体的保障性住房。它降低了劳动力的居住成本，增强了深圳的城市吸引力，由此带来的劳动力储备为深圳市的产业发展提供了支撑。2018年8月3日，深圳市人民政府颁布的《深化住房制度改革加快建立多主体供给多渠道保障租购并举的住房供应与保障体系的建议》，规定新增居住用地中保障性住房用地比例不少于60%，且至2035年新增保障房总量不少于100万套。2019年3月26日，深圳市规划和自然资源局颁布的《深圳市城中村（旧村）综合整治总体规划（2019—2025）》，明确城中村变"拆"为"治"，并将其纳入保障房体系。深圳市打出的政策组合拳，一方面设定新增居住用地中保障房用地的比例大于普通商品房，明确了未来住房体系的发展结构；另一方面，利用现有的存量房资源（包括小产权房和所谓的非正规住房）扩大保障房供给规模。先后出台的这两个文件将推动深圳市保障房供给规模，政策的变迁正是基于对保障房供给促进城市发展的重新认识。

在经济发展和城市化的早期，对于流动人口的公共服务限制可能是高速推动城市增长的手段。但是，当城市化进程进入中后期，城市内的流动人口达到较大规模时，对于流动人口的公共服务限制可能会加剧城市内部不同户籍的劳动力之间在教育、医疗、住房等各项福利差距，从而引发社会冲突，阻碍社会融合。并且，由此造成的社会资源非生产性消耗的扩大会降低经济增长效率（郑思齐等，2011），阻碍经济转型。在这个阶段，公共服务均等化对城市化与城市发展至关重要（李叶妍和王锐，2017），以社会融合为最终目标的保障房供给政策就可能发生内生变迁。由于前期保障房政策不完美的信息回馈和意识形态的改变（诺思，2014），城市政府在住房保障建设中逐渐由完成中央考核的外在驱动转变为减少社会冲突的内在驱动，由区域竞争中的经济激励转变为可持续发展的社会融合目标，进而在政策实施过程中充分发挥主观能动性。

社会福利学理论早就提出，社会融合与经济增长在宏观上可以实现协同和互补，从而建议政府增加对民生和社会保障的投资。近年来，东亚国家的福利制度正在从"生产型福利"向"发展型福利"转变（陈杰，2012）。后者的特点是，社会政策不再从属于经济政策，而是相互并列。基于福利制度转变与实践中的政策变迁，未来保障房供给研究也需要对原有的研究框架进行改进和转变。

在新的理论框架下（图2-2），保障房供给以促进社会融合为主要目标，关注保障房供给对流动人口融入城市的影响。在经济视角上，从原有的投资推动经济增长转变为保障房供给对拉动内需的作用，从而探索促进经济增长的发展路径。社会效应和经济效应的目标协同，共同促进城市发展。

图 2-2　理论框架的转变

2.5 小结

对保障房供给国内外研究现状的了解，是展开保障房供给研究的前提，也是在这个领域挖掘研究问题的起点。本章系统梳理了国内保障房供给研究的现状和国际经验，比较了国内外研究的差异。在此基础上，抽象出了当前主流研究所隐含的理论框架，并提出改进与转变的方向。

保障房供给的研究在世界范围内广泛存在，但研究视角和研究内容的偏好有很大差异。这些差异体现出各个国家和地区的经济社会体制以及特定历史时期的主流政策理论思潮有相当程度的差别，但其面临的住房与城市发展问题仍存在不少共性。国际上许多城市的保障房供给的经验教训可以为中国保障房供给的研究与实践提供参考。在借鉴过程中，文化与群体差异、经济社会发展阶段差异应作为主要考虑的因素。

在国内社会科学研究领域，普遍存在着理论发展跟不上实践发展的现象，在住房保障研究领域亦是如此。为应对快速城市化中亟需解决的住房问题，应用型的研究先行于理论的探讨。国内保障房供给的研究大多聚焦于对策研究，而缺乏扎实的理论基础。缺乏理论指引的研究则不仅局限于保障房领域的实践对策，同时容易落入短视的陷阱。

本书一方面结合中国特殊国情和城市化发展阶段，对中国保障房制度进行一个符合中国语境的深度剖析；另一方面将中国的保障房制度放到更大的时空视野中，解读保障房制度与城市发展之间的内在联系，结合经典理论辨析中国的保障房供给的逻辑，是至关重要但在目前的研究中又不够充分的工作。因此，接下来的内容将首先从理论出发，结合新的理论框架探讨保障房供给对城市包容性增长的影响机理。

3

保障房供给对
城市包容性增
长的影响机理

对于住房与城市发展的探讨是跨越多个学科领域的研究，从经济学、社会学等不同学科视角出发的观点在这个领域碰撞，而其各自依赖的理论基础在这个领域汇聚。因此，为保障房供给对城市包容性增长的影响机理梳理出一个逻辑清晰的理论脉络并不容易。本章尝试从城市包容性增长的逻辑出发，将经济学和社会学中的相关理论引入保障房供给影响城市包容性增长的分析框架，从而解析保障房供给影响城市包容性增长的理论机理。在此过程中，试图将保障房供给研究领域中不同的思想整合到城市包容性增长的图景中，建立一个稳定且有说服力的理论框架。

3.1
城市包容性增长

3.1.1 包容性增长理念的缘起

包容性增长理论是在2007年由亚洲开发银行首次提出的，十几年来这个理论在各个领域都受到了广泛关注与应用。20世纪八九十年代以来，发展中国家的经济表现出越来越强劲发展势头。然而，经济的发展并没有带来预想的减少贫困的效果，反而造成了贫富差距越来越大，资源大量消耗，环境严重破坏，社会矛盾日益激化（李刚，2011）。进入21世纪，这一问题愈加突出。这种现象被称为"有增长无发展"（王雪冬，2018）。面对这种困局，国际组织积极探索新的增长方式和路径，逐步发展出了包容性增长理论。包容性增长理论已经不仅仅局限于经济增长，也追求平等共享增长收益的社会融合目标，所以也被称为包容性发展。

3.1.2 城市的经济增长

进入工业革命时期以来，技术进步与社会经济结构的变化，推动了城市的快速发展。经济基础理论揭示了城市或区域为什么增长，以及为什么有些区域或城市增长的速度比其他区域或城市快。许多研究，例如安德鲁斯（Andrews，1953）和吉布森（Gibson，2004）等，都已经证实了它在理解城市发展动力中的价值。该理论认为，城市（或地区）的生存与发展取决于为城市（或地区）之外的地区提供的产品和服务。向其他地区提供的产品和服务越多，城市的规模也就越大，城市的腹地也就越广。相反，如果城市向城市以外的地区提供的产品和服务非常有限，城市发展就会缺少动力，发展的前景就不会乐观。如果城市没有将自己生产的产品和服务与城市之外的地区进行交换的话，城市就不可能生存，就不会得到城市赖以生存的、城市之外生产的产品。因此，城市经济增长的动力来源可以理解为产业发展。

产业发展的要素决定了城市的就业和收入水平（Tiebout，1956），从而关系到城市整体的发展。在城市发展阶段的变迁中，产业对城市发展的推动作用被赋予新的内涵（阎小培和许学强，1999）。当基本经济活动主要集中于工业部门时，产业的快速扩张带来了城市人口的大规模增长。随着经济活动越来越复杂，产业重心向服务业转移时，城市政策往往关注于引进新兴产业人才，而忽略了乘数效应下基本经济活动增长所需的劳动力人口。当前，在我国城市产业迅速集聚、劳动力流动的制度约束逐步放松的发展背景下，技术及人力资本的贡献对城市经济增长的作用不断增强（龙奋杰和郭明，2009）。

集聚效应带来的"报酬递增"是城市经济增长的关键动力（藤田昌久和蒂斯，2016）。当竞争性的企业在彼此接近的地区选址，就会形成企业集群。若是某一产业内的企业向同一地区集中，则被称为"地方化经济"，表示这个产业被地方化。例如，被誉为"国际袜都"的浙江省诸暨市，拥有上千家袜子生产企业，品种涵盖从普通百姓日常穿的袜子到宇航员穿的特种袜，全球三分之一的袜子都产自该地区。如果某个产业内的企业在一个地区集聚，同样也会吸引其他产业的企业在该地区从事生产经营。此时，集聚经济突破产业界限，被称为"城市化经济"。例如，上海市几乎囊括了各类金融要素，银行、证券、保险等各类企业的总部都集聚上海。

集聚经济学探讨了导致企业集群的经济力量，包括共享中间投入品、自我强化效应、分享劳动力储备和提高劳动力的匹配性、知识溢出效应等。这些规模经济外部性是企业集群形成的关键性因素。因此，交易的规模经济效应推动贸易城市发展，生产的规模经济效应则推动了工业城市的发展，而知识溢出效应则成为创新型城市快速发展的关键动力。在同一产业内就业相对集中的区域，常会集聚大量的新生企业（Rosenthal & Strange，2003）。同样，导致同一产业企业集聚的因素，也是促成多个产业向同一地区集中的主要原因。

3.1.3 城市的社会融合

社会融合是发展理论的新焦点（刘晓峰等，2010），从城市层面来看，社会融合就是城市包容性（李叶妍和王锐，2017）。通过包容和创新解决城市面临的主要问题成为世界共同的解决方案（UN-Habitat，2016），体现城市包容性的一个具体指标是公共产品与公共服务（林晨蕾和郑庆昌，2015）。如果城市化过程伴随日益严重的不平等，则会出现社会阶层分化与社会隔离，无法实现"城市，让生活更美好"[①]的理想。

城市的社会融合体现为人口数量和内部社会关系。"人跟着就业"是城市发展的逻辑。当"报酬递增"的作用得到认知时，城市发展会成为放大个体选择的"经济乘数"（藤田昌久和蒂斯，2016），形成城市人口规模的自我强化。霍华德将人口不断涌入城市的机制解释为"城市磁铁"，他形容大城市的就业机会和便利设施就像磁铁一样吸引人口不断流入。为了避免大城市带来的拥挤和污染等社会问题，他设计了著名的田园城市模型（Howard，1898）。虽然现在看来，这个城市模型过于理想化，但在当时他对城市包容

---

① 2010年上海世界博览会的主题"Better City，Better Life"。

的思考是革命性的。如今，对于城市人口数量的辩论仍在持续，不同的观点都无法形成一个让对方满意的结果。城市资源环境论者认为城市发展存在"增长的极限"，超出城市承载力的人口数量导致环境污染、公共资源拥挤等城市问题（李焕等，2017）。相反的观点认为，城市承载力是一个伪命题，现存的世界上许多城市是在资源贫瘠的地方发展起来的（例如拉斯维加斯和迪拜），这些城市案例恰是城市发展由资源环境容量决定理论难以解释的实证（丁成日，2015）。许多城市问题的根源是城市管理和治理能力无法跟上城市人口和经济集聚的速度导致的，因而需通过改善城市管理水平和治理能力来解决（陆铭，2016）。

城市内部关系包容性研究的开创者是简·雅各布斯，她从规划的视角阐述了社会关系与功能的多样性对城市发展的重要意义（Jacobs，1961）。在她的启发下，学界对于包容性城市理论的探讨，通常是基于城市可持续发展的愿景下展开的（Arman et al.，2009；吴志强等，2015）。包容性对城市的发展起到支撑和催化的作用，其并非总是促进城市发展，也可能产生负面的影响（张宇钟，2010）。从正面来看，人口集聚带来了生产与交换的规模效应，推动了城市的创新、生产和贸易发展。从负面来看，人口集聚导致了污染、拥挤等问题。人口迁徙之所以选址于城市，是因为城市内部集聚所产生的外部性可以抵消这些城市问题所带来的额外成本。当城市中集聚效应带来的外部性无法弥补城市问题所造成的负面影响时，城市内部的社会关系就会恶化。

3.1.4 经济增长与社会融合的双重逻辑

城市的社会关系发展过程表现出经济体系中一些影响深远的问题。然而，对经济增长的需要和社会融合的诉求在怎样的环境下才能同时实现？通常，从经济学的基本观点来看，公平与效率之间存在权衡，两者既互相需要又互相对立。库兹涅兹曲线证明最初的不平等是经济增长的一部分。意思是，随着劳动力从低生产率的部门向高生产率的部门转移，在经济发展的初期，不平等必然随之增长。并且，等到经济发展方式成熟以后，不平等会逐渐消除（Kuznets，1955）。然而，他论证的收入分配的倒U形变化趋势并没有在发展中国家出现。社会关系恶化带来的后果可能瓦解城市经济增长（Benner & Pastor，2012）。

20世纪90年代至21世纪初的一场新的研究热潮，挑战了在不平等与增长之间关系的传统观点，尤其是对发展中国家的研究。比如，阿莱西纳和佩罗蒂（Alesina & Perotti，1996）提出不平等带来社会矛盾、政治不稳定、更高的不确定性和更少的投资，从而减缓经济增长。基于这样的观点，政策应面向贫困问题和提高低收入人群生产力，比如增加对教育的投资。通过减少贫困对增长的拖累，最大的增长回报可能来自不仅促进增长而且对贫困产生独立、直接影响的政策。已有经济计量学证据表明，平等与更长期的经济增长联系在一起，从而形成了一条更可持续的发展道路（郭熙保，2002；陆铭等，2005）。

以经济增长为目标，以社会融合为实现目标途径的城市包容性增长理论，寻求一种不仅关注经济增长，也要将公平分配经济收益纳入经济增长战略的可持续发展模式。其关注的一个聚焦点是城市公共产品与服务的供给。蒂伯特的"用脚投票"理论（Tiebout，1956b）解释了公共服务如何在城市选择中发挥作用。城市提供的公共产品与服务的差异与获取它们所需支付的成本之间的权衡，是人和企业选择城市的标准。当他们发现符合自身效用最大化的城市时，就会在那里居留，从事生产活动，维护生活所需。城市对供给公共物品和服务的数量决策，则是权衡提供成本与为城市发展带来的收益。

在城市化的早期，地方政府对流入人口的公共服务中可能存在歧视。因为地方政府会担心福利政策对移民的磁力造成福利支出增加，因此移民数量也会反过来影响地方政府福利政策的制定（Fiva，2009）。但是，当城市化进程达到一定阶段，城市内流动人口规模达到一定水平时，公共服务歧视会加剧城市内部不同身份的劳动力之间的福利差距和社会冲突，从而造成社会资源的非生产性消耗，阻碍城市经济增长。这时，均等化公共服务的社会融合政策就可能内生地产生，并相应地减少不同身份居民间的福利差距和社会冲突，促进城市部门的资本积累、城市化进程和经济增长（刘晓峰等，2010）。

3.2 城市住房市场动态模型

1933年的《雅典宪章》将居住作为城市的首要功能（朱晨和岳岚，2007）。大量城市尺度的住房研究反映出住房在城市发展中的重要地位。为了说明保障房供给在住房体系中的作用，接下来对城市化进程中保障房的形成展开理论模型推导，递进式描述城市化过程中住房市场的变化与政府的干预，从而揭示保障房在城市中存在的必然性。

3.2.1 均衡的城市住房市场假设

为了说明保障房供给在城市发展中的角色，我们首先考虑在没有政府干预的完全自由市场体制下的城市住房市场。假设一个初始的城市住房市场是处于均衡状态的。在城市发展初期，城市中可用于住宅开发的土地非常充裕，城市住房供给数量随着需求的增长而增长。城市中的劳动力供给也富有弹性，就业机会的增长能非常容易地吸引到劳动力人口。这是一个静态模型，所以不考虑住房建造时间。

城市总产出的需求首先依赖于城市输出的需求。从短期角度来看，输出商品（包括产品和服务）的销售将取决于其他城市或区域输出同样商品的价格变化。这里假设房地产和劳动力之间不存在替代作用，因此，对于任何单位的产出，都需要固定数量的住房和劳动力，这两个要素的变化会使当地生产成本有较大的变动。城市的产出决定了劳动力数量需求与住房需求，而劳动力价格与住房价格又决定了产出成本。当产出要素与供给要素在城市系统内部相互契合时，城市的住房市场就处于均衡状态。

3.2.2 城市人口增长考验住房供给弹性

城市住宅价格的历史增长原因可以归结为许多因素共同作用的结果，其中最重要的是人口增长因素。随着区域或国家人口的不断增长，城市也会逐步增长和扩张，这是导致住宅（土地）价格上升最重要的原因（Dipasquale & Wheaton，1996）。一个城市是否可以承受人口增长的压力，前提在于它是否能够容易地建造出新的住宅。从长期来看，一个城市造出价格合理、供应充足的居住和工业用房的能力是与其他城市在竞争稀缺经济资源时的重要资本。

由区域间迁移带来的劳动力人口供给增长，如果城市的产出水平保持不变，则有效工资会随着劳动力数量的增长而降低。由于劳动力成本降低，城市的产出成本会降低，从而产出需求会增长。由于产出需求的增长，城市新流入的劳动力被吸收，但只有一部分，而不是全部。为了吸收新的劳动力，工资均衡点下降。尽管城市产出价格和劳动力工资在各自的市场中都下降了，但在住房市场中，租金水平却一定会上升。为了给新增加的人口提供住房，必须开发新的住房。这种住房存量扩张需要更多的土地用于住房建设，从而导致租金上升。

虽然住房数量和价格变化方向相同，但供给弹性差异带来的结果很不相同。格莱泽等（Glaeser et al.，2006）对住房供给与城市人口增长的关系进行了研究。当人口增长引发的住房需求增长时，如果城市住房供给富有弹性，则城市对人口的承载能力提高，住房价格上涨相对有限，即需求增长主要带来数量增长而非价格增长。反之，如果因为自然或人为条件限制（如土地资源紧张、开发管制等），城市住房供给缺乏弹性，则住房价格将出现快速增长，即需求增长主要带来价格增长而非数量增长。这个理论在发达国家和发展中国家都得到了验证（Glaeser et al.，2005；龙奋杰等，2008）。许多学者发现，住房供给约束是制约城市经济增长的重要因素（Mayer & Somerville，2000；Quigley & Raphael，2005；Glaeser et al.，2006）。较高的住房供给弹性可以缓解需求冲击下城市工资水平与住房价格的上涨速度，有利于城市经济的持续增长。

3.2.3 市场化导致的住房短缺

随着城市规模扩张，住房供给所必需的建设用地受到自然和人为因素（如土地资源紧张、开发管制等）的制约，使得城市住房供给缺乏弹性。在这种情形下，住房需求增长主要带来价格增长而非数量增长，从而造成住房短缺。例如我国在快速城市化过程中，城市中的就业机会成为人口向城市迁移的巨大吸引力，而因流入人口导致的住房短缺往往被产业园提供的临时宿舍或城中村等非正规住房所消化（范剑勇等，2015）。

如图3-1所示，当住房需求曲线从D_0移动到D_1时，实际产生的住房需

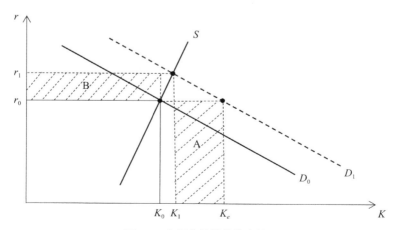

图 3-1　市场化导致的住房缺口

求数量的增长为K_0至K_e之间的距离。由于住房供给受到限制，供给弹性很小，在图中反应为供给曲线非常陡峭。因此，在达到新的均衡点时，实际增加的住房供给数量从K_0小幅增长为K_1。相应的，住房市场的价格则从r_0快速上升为r_1。在这种情况下，住房市场的增长主要体现为住房存量资产增值，住房所有者在房价快速上涨过程中成为资本增值的既得利益者（对应图3-1中的区域B）。在这种情况下，住房市场有两个发展趋势：一是住房所有者的资本性收入快速增长，二是租房者的居住成本快速上涨。

在图3-1中，K_1至K_e之间的距离代表了城市住房市场的缺口，这一部分无法在正规市场中得到满足的住房需求，促生了城市中的非正规住房市场（对应图3-1中的区域B）。其典型特征为缺少法律保障、居住质量差、人口密度高、对环境影响大等。当非正规住房市场达到一定规模，并在某些区位集中时，便出现了贫民窟。可见，贫民窟的形成是住房市场化以及市场运行的无效率和不公平造成的结果（Rothenberg，1967；丁成日，2015），正是市场的不完善对供给和需求两方面都造成了严重影响，才促生并维持了贫民窟的存在。

不论是发达国家还是发展中国家都曾面临或正在经历住房短缺的危机。尤其是发展中国家，在城市化过程中出现的贫民窟现象往往成为社会动荡的根源。在住房自由市场中，人口流入具有集聚效应的贸易城市或工业城市，所创造的经济增长成果以住房价格上涨等形式被房产持有者优先享有。早在19世纪80年代，恩格斯就明确提出，促使城市住房短缺的重要原因在于快速发展的工业化和城市化进程（恩格斯，1885），其思想先进性远超出当时所处的历史时期。到了21世纪，一些国际大都市，例如伦敦（Moore，2016），已经进入后工业化时代，城市化进程也进入了稳定期，城市住房短缺问题依旧存在，并且从数量上的短缺演变为结构上的短缺。

结构上的短缺也可理解为倾向性的住房短缺（贾如君和李寅，2016），即指长期性的中低收入者的住房短缺。中低收入者对住房的可支付能力低和价格敏感度高，因此以营利为目的的市场住房自然倾向于优先供给配合度高的中高收入者。由于房产是家庭财产中最主要的组成部分，房价上涨对贫富差距扩大具有显著作用。在这种情况下，房价被投资性需求抬高使得买不起房的中低收入人群扩大，并导致其经济状况愈加脆弱。高房价给城市中的房产持有者带来了财富增值，也给新增人口的定居设置了高门槛以及越来越高的生活成本，形成财富增长的剪刀差，从而恶化阶级分层的现象（德里昂等，2009）。这种源自内在行为模式的倾向性供给的长期存在造成住房的倾向性短缺，如果没有政府干预，不仅不会自然消失，甚至还会不断强化。

3.2.4 保障房供给弥补住房倾向性短缺

通过以上三点推论可见，快速城市化带来的住房需求不能仅靠市场来满足。住房具有商品属性，也具有社会保障品属性（胡金星和陈杰，2008）。作为商品，住房具有使用价值和价值，市场配置是优化资源配置、提高效率的有效手段。作为社会保障品，政府有责任满足所有公民的基本居住需求。因此，政府干预是必然的，保障房供给是政府纠正住房过度商品化的手段之一。政府通过保障房供给，增加对低收入群体的转移支付，使其享受到经济发展带来的生活水平的提高。

对于这种直接干预手段，一些学者也持鲜明的反对态度，例如加里（Garry，2017）将政府支出对经济发展的作用比喻为"拖后腿"，认为其效果往往是伤害到最有需求的人群。保障房政策中出现的社会排斥都成为政府失效理论的现实反馈（Gurran et al.，2008；Madden & Marcuse，2016）。

凯梅尼（Kemeny，1995）对这种观点进行了批判。他通过将英美模式与北欧模式的比较发现，鼓励成本型租赁住房与营利型租赁住房进行竞争，能够保证住房稳定供应并降低住房市场租金水平。他的理论可谓开创了保障房研究的新范式。另一种有力支撑政府干预和供给住房的论点立足于住房商品本身是一种准公共产品的属性（赵宁，2016），也就是说住房对社会的价值大于其对社会单个成员的价值（O'Sullivan & Gibb，2003）。在公共物品供给领域，市场机制往往不能很好地发挥作用。

政府干预的时机对住房市场的发展至关重要。图3-2表达了保障房政策实施的时机与效果的差异，其中T₁至T₂代表了保障房政策实施的合适时机。在这个阶段市场初步显示出市场失灵的症状，例如上述分析的房价过快上涨、租金难以承受。在这个阶段制定并实施有效的政策，可以将市场的发展方向引导到设计的路径上来。如果错过了政策干预的合适时机，住房问题一方面扩展到经济领域，造成房地产泡沫、贫富差距加大，还会波及实体经济的发展；另一方面会映射到社会领域，造成阶级固化，社会资源分配不均和社会矛盾激化。这个时期再启动干预政策，则无法达到政策设计的效果。

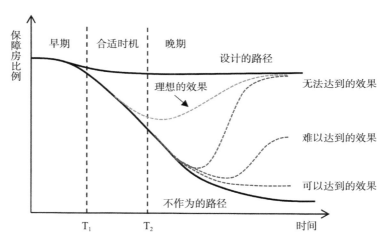

图3-2 保障房政策实施的时机与效果

政府在对住房市场的干预在城市规划体系中扮演着至关重要的角色（邢海峰，2011），在第三次联合国人居会议上，包容和可支付住房被加入了新城市议程。城市可支付住房的稀缺促生社会空间的不平等（Gurranet et al.，2008），如果城市住房的可支付性得不到改善，会对城市发展、经济发展的长期竞争力以及代际公平等造成负面影响（Disney，2007）。流动人口在城市中的简陋居住条件与城市规划较少考虑其住房需求有关（张子珩，2005），为促进城市包容性，让流动人口通过居所的改善而融入城市文明之中，必须运用城市规划调控住房供应的功能（邢海峰，2011；赵宁，2016）。

对居住权利的保障是政府公共服务的重要内容。根据摩尔（Moore，2016）的观察，在21世纪初期，伦敦面临的最关键问题就是住房问题。伦敦的房地产市场缺乏政府的干预以及对住房保障的投入，它的房价和供给对某些阶层的生活造成了极大的挤出效应，由此放逐了对城市功能至关重要的人群，或者导致某些继续留在城市里的人不得不忍受极为糟糕的居住条件，甚至出现了贫民窟。这些住房问题是由刺激房价上涨的国家政策和20世纪30年代以来的市场失灵造成的，随着人口的增长，这些问题变得更加严峻，造成不可逆的毁灭性后果。

3.3
保障房供给影响城市包容性增长的逻辑

3.3.1 保障房供给促进城市社会融合的逻辑

对于保障房供给与城市社会融合逻辑的理解，可以从住房政策与社会公正的视角出发。住房是不可或缺的生活保障，作为一种社会资源，它的分配方式与人在城市中的发展权利和机会有紧密联系（Lund，2006）。促进社会融合的政策主要基于福利理论来考查社会效应，关注城市发展过程中的人口以及他们的需求。在城市化进程中，新增的人口会对社会环境产生影响，而社会环境的变化外在表现为社会福利的变化。城市中的居民享受的社会福利差异越小，则该城市的包容性更强，城市中的社会融合程度也越高。

20世纪90年代以后，住房保障在福利体系中产生的影响逐渐被关注研究（Painter，1996），尤其是森（2007）的理论提出后，学者们开始深入研究住房和保障性住房与社会融合的关系。社会融合可以理解为群体间互相影响、配合适应的过程，直接体现为住区内居民的存在状态。因此，从社会认同与社会交往两个方面解构保障房住区的社会融合，可以解析为居住满意度、邻里关系、住区归属度、邻里交往和社群交往五项指标（王效容，2016）。吴霜（2015）从个体心理效应、社会参与效应与社会住房政策融合效应这三个维度来阐释农民工住房管理和住房保障与社会融合的内在联系。社会环境主要通过社会互动的机制发挥作用，居住隔离带来的社会群体之间的对立和冲突会引发社会动荡，因而郑思齐等（2011）将住房看作社会分割和融合的中间机制。

波兰尼（Polanyi，2001）主张土地和空间不可以作为商品。如果强制将土地和空间商品化，会给人类社会带来巨大的破坏。在经济发展的过程中，土地价格不断上升，很多人将因为支付能力不足，而被迫离开原居住地，最终导致既定的社会秩序撕裂。市场上的可支付住房减少时，低收入个人或家庭将被迫减少在食物、医疗等生活必需品上的支出，因此住房不仅关系到居住，还关系到个人和家庭的健康和日常生活（Anderson et al.，2003）。方福前和吕文慧（2009）证实住房状况对居民福利获取有显著影响。针对公众对周边保障房建设的态度，泰伊（Tighe，2010）发现公众对保障住房的态度可能受到其他社会政策态度的因素影响，特别是意识形态和定型观念，而当项目建成后，公众对保障房的居民基本上呈积极态度。由此，从社会效益的视角来看，保障房供给有利于促进城市社会融合。

3.3.2 是否可以推进到经济增长逻辑

保障房供给对社会融合的作用可以说已达成共识，那么保障房供给对城市包容性增长的影响是否可以推进到经济增长逻辑？有些经济学家宣称从效率上无法证明政府提供保障房是合理的（Barr，1998），对应的建议是住房保障政策要从需求侧入手，即提供收入补贴。同理，有学者提出作为发展中国家，中国政府没有财力为城市居民提供大规模的公共住房，否则会造成财政收入的损失，特别是土地出让收益（邓卫，2001）。是否可以同时鼓励一个地区的经济增长和为低收入者提供住房保障？"城市作为经济增长机器"的理论声称，这些目标具有竞争性和排他性，因为在使用价值和交换价值的形成中他们相互对立（Jonas & Wilson，1999；Shamsuddin & Vale，2017）。

近年来快速兴起的集聚理论（藤田昌久和蒂斯，2016）为保障房供给提供了新的视角。城市经济的集聚经济本质决定了城市经济增长是依靠经济要素的空间集聚以获得集聚效益来推动的（O'Sullivan，2012）。城市间对劳动力人口的竞争将成为住房保障和城市经济规模目标协同的传导要素，而住房保障能够通过提高劳动力人口的有效工资实现吸引劳动力人口流入，劳动力储备的增加和就业匹配度的提高将引导产业对城市的选择（Edelstein & Lum，2004）。从这个视角，接下来具体探讨保障房供给影响城市经济增长的逻辑。

3.3.3 保障房供给促进城市经济增长的逻辑

随着城市化的发展，固定资产投资、技术及人力资本等要素对城市增长的贡献大小在发生转变（龙奋杰和郭明，2009），城市政府必须根据城市自身产业发展与劳动力需求制定差异化的保障房供给规划。劳动人口流入对城市劳动生产率可持续发展起到重要作用。迪帕斯奎尔和惠顿（Dipasquale & Wheaton，1996）以经典的三部门经济增长模型为分析框架，探讨劳动力供给和房地产市场要素在城市经济增长中的作用机制。Wang（2017）梳理了城市增长理论模型中人口、经济与土地三者间的关系，即人口增长引起的建设用地投入会刺激经济增长，从而吸引更多的流动人口，并引起更多的土地需求，由此形成城市增长模型中的反馈回路。毛丰付和王建生（2016）验证了保障性住房对人口流动的显著影响，证实保障性住房的增加可以促进人口流入，同时也为其融入经济发展提供了途径（Madden & Marcuse，2016）。

公共物品的提供在政府间是存在竞争的，城市间住房保障水平上的差异也体现了政府间对公共物品提供的差异。城市的住房保障政策在提高劳动力效用上有相对优势，会促进流动人口在该城市的集聚。人口流入使就业更加集中，从而更易形成产业集聚，尤其是劳动密集型产业，为追求较低的劳动力成本进行迁移时，将成为迁入城市经济增长的重要引擎。许多文献（Robert & Lucas，2004；Arnott，2005）分析了城市非正式住房市场对低技能劳动力的重要性。事实上，随着城市由后工业经济时代向服务经济时代转变，大批低收入者逐渐流向大城市从事服务业，城市规划更加需要为这些从事城市基础服务行业的劳动者提供住房（赵宁，2016）。

在促进消费方面，保障房供给也能对城市经济增长有显著贡献。埃德尔斯坦和卢姆（Edelstein & Lum，2004）对新加坡住房市场的实证检验，发现相比私人住宅，公共住房的财富效应对总消费的影响更为显著和持久。国内学者对经济适用房供给的财富效应也开展了研究，发现当保障房供给处于高水平阶段时，房地产价格具有正向的财富效应，房价上涨促进消费增加。说明存在一个保障房供给数量跨越门槛后，才能有利于发挥房地产价格的财富效应，进而促进消费（陈健和高波，2012）。如果城市新增劳动力人口在住房保障、医疗、教育等方面都能得到满意的待遇，劳动力人口集聚带来的消费将对城市经济的增长产生持续的积累作用。

以上的论述给出了保障房供给促进城市经济增长的逻辑，通过图3-3表示如下：城市的保障房供给水平影响劳动力人口对城市的选择，从而影响产业发展与城市经济活力。因此，在劳动力要素对城市经济发展起到关键作用的时期，就出现了住房保障与城市经济增长目标协同的一个可靠逻辑：保障房供给—住房成本降低—人口融入—企业选择—产业发展—城市经济增长。

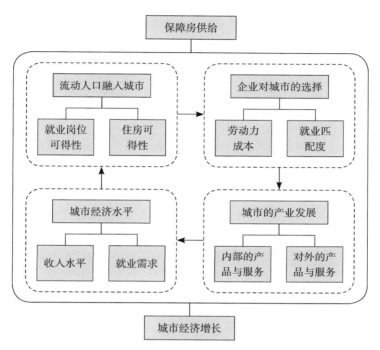

图 3-3 住房保障促进城市经济增长的逻辑

3.4
保障房供给影响城市包容性增长的研究框架

以上的探讨，结合城市研究与住房研究中的经典理论，建立起了保障房供给与城市包容性增长之间的内在联系。如何将它应用到中国特殊国情和城市化发展的各阶段，分析中国保障房供给对城市包容性增长的影响？接下来，基于对我国新型城镇化战略发展理念的解析，构建一个符合中国语境的研究框架。

3.4.1 新型城镇化的发展理念

城市化进程所处的政治、经济和社会背景对城市发展十分重要，充分认识自身的城市化时代背景，才能寻找适合的城市发展道路（王颖，2000）。我国正处于快速城镇化阶段，城市中流动人口的规模持续增长（图3-4），其住房问题亟待解决。从国内外实践经验来看，一些脱离市场客观规律的住房政策和措施，也可能以浪费公共资源、集中贫困、逆向分配等不理想的结果呈现，为城市发展带来风险。中国的城市化以包容与可持续为主要目标（国务院发展研究中心和世界银行联合课题组，2014）。"十二五"规划以来，保障性住房的建设规模逐年增长，成为解决城市新增人口住房问题的重要手段。

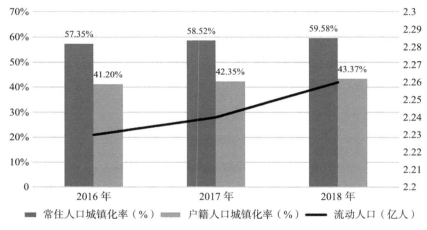

图3-4 城市中的流动人口规模（2016—2018年）

数据来源：国民经济和社会发展统计公报

　　城市化发展扩大了城市中的贫富差距，在城市化发展中受益的群体与在此过程中被边缘化的群体之间存在巨大的差距[1]。戴维斯（2017）对中国的城市发展表示担忧，他指出在连续30多年的国内生产总值高速增长的背后，隐藏的是对移民的歧视与排斥。不可否认，中国的城镇化进程确实存在不少问题：第一，农业转移人口在获得城市户口上受到限制，无法享受城市的

---

[1] 2006年6月19日，时任联合国秘书长科菲·安南在"第三届世界城市论坛"上关于可持续城市的致辞。

社会保障和公共服务。第二，土地城镇化速度比人口城镇化速度更快，也就是说地方政府以土地集约利用为代价扩张城市。第三，区域分布与规模结构严重不平衡，人口增长基本上被东部沿海大城市吸收。鉴于这些不足，2014年我国对现行城镇化的理论与实践进行了重大反思，从而出台了《新型城镇化规划（2014—2020）》（姚士谋等，2014；陆大道和陈明星，2015）。

在新型城镇化促进经济转型升级的背景下，城市发展必然要追寻包容性增长的发展途径。城市发展将从原先的注重追求城市规模扩大、空间扩张，改变为提升城市的文化、公共服务等内涵，使城市成为具有较高品质的适宜人居住的场所，从而促进经济社会发展，实现共同富裕。规划从经济和社会层面分别提出了一系列以平等为目标的发展指标，以落实"以人为核心"的城镇化政策。一是，中国将按比例缩小城市户口居民与城市居民之间的差距。到2020年，全国60%的人口将生活在城市区域，45%的人口拥有城市户口。二是，地方政府要在城镇地区扩大基本公共服务，包括教育、职业培训、养老保险、医疗保险、保障性住房等。到2020年，99%的流动儿童将有平等的上学机会，这说明政府决心解决流动儿童的教育问题。而保障性住房供给的目标是总体覆盖率从2012年的12.5%提高到2020年的23%。

《新型城镇化规划（2014—2020）》是政府第一次也是最重要的合理化城市化进程的努力。自改革开放以来，中国非同寻常的经济繁荣与城市化密切相关（陆大道和陈明星，2015）。规划明确了我国新型城镇化的发展方向，提出了一系列突出的目标。此外，新型城镇化强调人的发展，这表明政府决心转变城市化的方向，从旧的城乡二元结构到解决农业人口向更具生产力的新生活转变。

2014年的新型城镇化规划提出农业转移人口市民化，把进城落户农民完全纳入城镇住房保障体系。2016年，《国务院关于深入推进新型城镇化建设的若干意见》又进一步提出，新型城镇化是最大的内需潜力所在，是经济发展的重要动力。2019年3月，国家发展改革委发布的《2019年新型城镇化建设重点任务》进一步放宽了农村转移人口在城市的落户条件，并要求大城市和特大城市扩大公租房和住房公积金制度向常住人口覆盖范围。在新型城镇化规划和建设的相关文件中可以提取两个被反复强调的关键词，一是市民化，二是内需激发。市民化与激发内需这两者的融合，正是新型城镇化道路的关键所在，也是我国经济新常态下转换增长动力的重要途径。接下来就这两个关键词进行进一步的解读。

3.4.2 市民化代表社会融合

市民化是指流动人口不仅能在城镇中就业和居住，同时也能具有平等的社会权利，享受均等化的待遇和福利（夏锋，2013）。由于我国城乡二元结构的分割，使得2.2亿多在城镇就业、生活的流动人口在住房、基础教育、基础医疗等方面不能与市民享受同等的待遇，严重影响到我国城镇化的质量。虽然大量流动人口未能享受市民待遇，但并未阻碍农村人口持续流入城市。如果市民化问题得不到妥善解决，那我国的贫困焦点会迁移到城市，甚至将成为导致我国未来社会动荡的因素（李石新等，2008）。因此，新型城镇化强调要重视流动人口的市民化和社会融合，避免城镇化过程中移民群体难以融入城市带来的人的排斥和隔离。

在以经济增长为主要目标的城市化早期，市民化途径缺失的城市化发展规划为城市的经济增加提供了低成本的劳动力，甚至促成了中国的工业化发展在国际上具有比较优势。但到了城镇化的中后期，这样的以人的隔离和排斥为主要特点的城市化发展已经显现出越来越大的负面影响，构成经济社会可持续发展和提高城市化质量的突出障碍（任远，2014），因此城市化的发展进入到以促进平等和社会融合为重要目标的新型城镇化发展时期。

3.4.3 拉动内需代表经济增长

拉动内需是指释放城市化进程中蕴含的投资需求与消费需求，目的是引导经济增长格局从投资主导转为消费主导。在新型城镇化发展规划中，拉动内需以落实市民化为基础。内需激发代表城镇化进程带来的经济增长，是我国经济新常态下转换增长动力的重要途径。我国城镇与农村消费水平存在较大差距，根据测算，如果要达到发达国家水平，直接消费需求将以万亿为单位增长。因此，以内需激发为目标的新型城镇化对基本生活、住房、教育、卫生和其他消费品的需求创造了巨大的市场空间（刘永好，2010）。实际上，如果我们解决好城镇流动人口的市民待遇，为他们提供保障性住房，保障其子女教育的公平性，完善医疗保障体系，那么内需自然就会被拉动（倪鹏飞，2013）。

由于有着城镇化释放的巨大内需潜力，我国将仍然具有许多国家难以比拟的突出优势，由此形成重要战略机遇。以人口城镇化为支撑，加快消费主导的经济转型，充分释放国内巨大的需求潜力，尤其是消费需求潜力，将形成我国未来经济转型发展的主要动力（夏锋，2013）。当然，需要清楚认识到的是，激发内需对促进经济增长的潜力将是一个"先与后取"的长期发展规划（石忆邵，2013）。也就是说，要将流动性消费提升为定居型消费，是要以政府扩大基本公共服务支出为前提的。

从城乡一体化的视角来看，保障房供给对人口结构变化的影响，可以从整体促进内需的激发。城市人口的消费水平远高于农村人口，流入城市的人口越多，城市消费需求越旺盛，拉动内需对经济增长的效果也越明显（李维和朱维娜，2014）。在此理论基础上，一些学者通过实证检验为保障房供给促进经济增长提供了支撑点。陈健和高波（2012）认为保障房供给存在门槛效应，关系到商品房价格的提高是否能促进消费提升，从而对财富增长产生正向效应。陈健和邹琳华（2012）进而从理论上探究了保障房供给的最优规模区间，通过增加保障房供给实现扩大内需的目标。

3.4.4 市民化与内需融合的框架

市民化与内需融合的框架，是中国语境下研究保障房供给对城市包容性增长的分析框架。中国人口结构快速老龄化将导致劳动力供给减少，同时，随着经济增长方式转型，劳动力要素将在城市经济发展中占据更高的权重。对经济增长与社会融合的追求在我国城市化与城市发展过程中相互交织。面对着日益扩大的城乡间收入差距和城市内部不同户籍身份的人群间的收入差距，通过提高效率来实现经济增长的政策取向正在逐步被以社会融合来推动城市化和经济持续增长的新的政策取向所取代（陆铭，2016）。

在新型城镇化战略的指导原则下，城市发展路径将从原先的注重追求城市规模扩大、空间扩张，改变为提升城市的公共服务等内涵，使城市成为社会融合的适宜人居之所，实现包容性增长。住房保障是政府提供的公共物品的重要组成部分，有利于真正实现"人"的城镇化。保障房供给不仅为流动人口提供居所，也提供了他们融入城市生活的环境，从而在推动农业人口转移的过程中，拉动内需，促进城市产业发展。城市促进流动人口的社会融合，流动人口促进城市经济增长，两者形成的良性互动，推动城市向包容性增长的方向发展。基于以上分析，以前一章构建的理论框架为内核，衍生出市民化与内需融合的研究框架（图3-5），用于实证检验在新型城镇化规划理念下，我国保障房供给与城市包容性增长的内在联系。

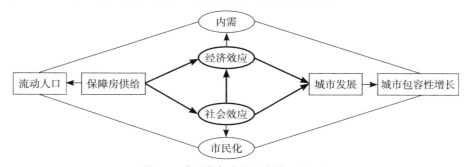

图 3-5　市民化与内需融合的研究框架

3.5

小结

这一章基于城市—住房—保障房三个层次，阐释了保障房供给影响城市包容性增长的理论机理，并构建了适合中国国情与城市化发展阶段的研究框架。

对影响机理的理论探讨起始于对城市包容性增长的阐释。结合经济基础理论、集聚经济理论、公共产品理论、社会福利理论和公共选择理论等经济和社会领域的城市研究经典理论，阐述了城市包容性增长理论的缘起、内涵和追求经济增长与社会融合的双重逻辑。继而，通过推导城市住房市场动态模型，分析影响城市发展的要素如何互相影响互相制约，递进式描述城市发展过程中住房市场的变化与政府的干预，据此给出了伴随城市化进程的保障房供给出现的原因与作用。结合以上两个部分的分析，继而从社会融合与经济增长两个维度探讨了保障房供给影响城市包容性增长的逻辑。最后，立足于新型城镇化的发展理念，提取出中国语境下实现城市包容性增长的发展路径，构建了市民化与内需融合的研究框架，为后续保障房供给对城市包容性增长效应的实证分析与政策建议提供了理论支撑。

中国较早就响应和接受了包容性增长的发展理念，在新型城镇化阶段大规模建设保障性住房，推动流动人口在城市落户，正是对包容性增长理念的一个具体响应措施。随着中国经济日益增长，社会的根本矛盾已经从日益增长的物质文化需求与相对落后的生产力之间的矛盾转变为人民日益增长的美好生活需要和不平衡不充分的发展之间的矛盾，中国的城市发展迫切需要包容性增长的理念来协调各个层面的规划与发展。在此时代背景下，经济增长与社会融合的双重目标成为未来城市发展中不可忽略的重要元素。

单纯依靠自由市场提供商品住房，即使政府抱有促进社会融合的良好愿望和政治动机，也难以推动城市在包容状态下的可持续发展。因此，城市对包容性增长的诉求，必须通过政府对住房市场的干预来实现。理论上，管制、税收和补贴、直接供给等干预手段都可以有效地实现政府对住房市场的干预目标。而现实中，合理的干预手段取决于住房市场本身的性质。对选定干预手段的效应研究需要通过实证检验来反映。

我国保障房供给究竟对城市包容性增长产生了怎样的效应？接下来基于市民化与内需融合的研究框架，将其解构为三个维度开展实证研究。第4章从内需视角检验保障房供给对城市包容性增长的效应，第5章从市民化视角检验保障房供给对城市包容性增长的效应，第6章探索保障房供给对城市包容性增长的传导机制。

4

保障房供给对城
市包容性增长的
效应：内需视角

拉动内需是我国经济新常态下转换增长动力的重要途径，而目前我国低质量的城市化模式已经成为拉动内需和促进城市包容性增长的制约因素（国务院发展研究中心课题组，2010）。应用市民化与内需融合的框架，本章将通过检验城市间保障房供给的差异对城市包容性增长的影响，来探索保障房供给拉动城市内需的效应。

拉动内需从城市层面来看，可以理解为促进城市繁荣与包容。基于前一章保障房供给影响城市包容性增长的机理分析，保障房供给吸引流动人口融入城市，让流动人口与城市户籍人口一样享受到城市的基础设施与公共服务，促进城市包容。而且，在流动人口融入城市过程中将释放消费潜力，并满足城市产业发展所需的劳动力需求，促进城市繁荣。因此，从拉动内需的视角来看，城市的繁荣与包容是相辅相成的。在实证研究中，将选取相关的指标反映城市包容与繁荣，从而刻画城市包容性增长状况。并且，将保障房供给展开为供给数量、供给质量和供给对象三个维度，从而检验保障房供给要素对城市包容性增长的影响。

4.1 引言

想要同时从繁荣与包容两个维度来刻画城市包容性增长，就需要将这两个维度中的指标有机结合。并且研究目标是考察保障性住房与城市包容性增长的关系，因此在反映城市包容性增长的变量选取时，还要考虑指标变量与住房的相关性。由于城市包容性增长是一个动态的概念，在城市间进行比较时，对城市包容性增长的测量不应该是基于不同城市间的静态指标进行比较，而应采用反映城市内部变化趋势的动态指标。

研究工具选择结构方程模型（StructuralEquation Modeling，简称SEM），它是一种验证性的统计方法，即首先在理论引导的基础上构建假设模型图，继而通过现实数据与假设模型的拟合检验，来判断理论的合理性。这种方法与一般的回归模型相比具有许多优势，包括SEM可以处理潜变量（LatentVariable）或称构念（Construct），即社会科学领域感兴趣又不能直接测量的变量；SEM中允许同时考虑多个内因变量，可以检验一般线性回归模型无法测量的网络关系；SEM融合了因素分析与路径分析两种统计技术，可以同时处理测量与分析问题。基于以上特质，SEM统计分析方法非常适合具有复杂关系的社会科学研究领域。本项研究中具有多个理论构建，因此SEM的分析形态为此项研究提供了一种有弹性并且有效度的方法。

本章研究采取数据驱动的方法，起始于定量方法，进而综合运用定性分析与计量经济学研究工具进行实证检验。因此研究设计的前提思想是，用客观数据建立本项研究的相对独立的基础，从而避免受到前期研究已有观点与结论的限制。当然，前期研究成果是本项研究搭建框架的重要基石。

首先，以保障房大量兴建的"十一五"规划和"十二五"规划①为两个时间跨度，构造四分象限用以衡量30个直辖市与省会城市（拉萨除外）②的繁荣度和包容度。采用繁荣度观察他们在经济发展中的表现，采用包容度观察他们在社会发展中的表现，以及根据各城市在四分象限中的定位观察他们在经济和社会两方面共同的表现。在这个过程中，选取与城市人口住房相关的指标变量，构建了体现城市发展动态的繁荣指数与包容指数。接着，结合各城市的保障房供给情况，初步观察保障房供给与城市包容性增

---

① "十一五"规划和"十二五"规划是我国保障房建设的两个重要周期，保障房建设由中央到地方分配了建设任务，并且建设任务的完成情况进入了对地方政府的考核指标。其中，"十一五"期间国务院要求全国兴建保障房1000万套，"十二五"期间的建设任务是3600万套。

② 30个直辖市与省会城市名单如下：北京、天津、石家庄、太原、呼和浩特、沈阳、长春、哈尔滨、上海、南京、杭州、合肥、福州、南昌、济南、郑州、武汉、长沙、广州、南宁、海口、重庆、成都、贵阳、昆明、西安、兰州、西宁、银川、乌鲁木齐。

长的关系。

然后，构建结构方程模型，用于检验各城市之间保障房供给差异对城市包容性增长的影响，不仅关心保障房供给数量差异在城市发展中的表现，而且还关心供给质量和供给对象差异造成的影响。根据实证检验的结果，从保障房供给的数量、质量和对象三个维度，来分析保障房供给对城市包容性增长的效应。

4.2 指标体系构建

首先寻找与保障房相关的城市发展的变量集合，作为后续实证研究指标设计框架。由于探讨保障房对城市发展的影响因素的研究成果还较为稀缺，本项研究采用本纳和帕斯特（Benner & Pastor，2012）检验经济增长与公平相关性的指标体系作为基础，删除其指标体系中在中国背景下水土不服的因素（比如种族、国际移民），加入在中国有重要影响的指标（如城市化率、教育覆盖率），并添加了现有的关于住房对城市经济增长的影响和住房对社会融合的效应两方面有广泛影响力的文献中采用的指标，从而归纳了四个具有一般性的维度，用于构建城市发展影响因素集合（表4-1）。

保障房相关的城市发展影响因素集合 表4-1

维度	影响因素
就业与收入	就业人口规模[1]（Benner & Pastor，2012；范建双等，2018）；产业多样化（Benner & Pastor，2012）；人均收入（刘晓峰，2010）
劳动力与住房	住房可支付性（Benner & Pastor，2012；Wetzstein，2017）；劳动力特征（Benner & Pastor，2012）；认同感与归属感（李梦玄和周义，2012）

---

[1] GDP与就业都是衡量经济时很常用的指标，在此倾向于选择就业，这是因为就业机会是城市新增人口在城市选择决策时主要关心的因素。

续表

维度	影响因素
地理与分布	城市化率（Wang et al.，2015）；所在区域（陈建军和周维正，2016）；城市行政级别①（Benner & Pastor，2012；田传浩，2014）
基础设施与 公共服务	教育与医疗资源（胡婉旸等，2014）；公共服务均等化（林晨蕾和郑庆昌，2015；李叶妍和王锐，2017）

将以上保障房相关的城市发展影响因素集合作为指标工具箱，从中选取适宜并具有数据可获取性的指标，构建城市包容性增长指标体系与保障房供给指标体系，用于检验两者的关系。

4.2.1 城市包容性增长指标体系

从拉动城市内需的视角，将城市包容性增长定义为体现城市内需状况的繁荣指数与包容指数，基本的想法是用繁荣指数和包容指数的综合矩阵来反映城市包容性增长的变化。第一步，组建一个包括30个直辖市与省会城市的数据库来反映城市的经济和社会发展情况，这个目标可以涵盖了一个非常广泛的统计范围，包括对收入与产出、产业布局、就业与失业、贫富差距、流动人口、基础设施、公共服务等进行评价的许多变量。数据库的特征是基于各城市在时间轴上的表现，纵向观察其自身发展变化的足迹，横向观察其发展速度在城市集中所处的位置。

在此面对的问题是，哪些变量是测量一个城市包容性增长的最合适的变量？我们被大量的信息包围，不可能做到海纳百川，必须借助方法论做出

---

① 城市行政级别：这个指标对城市经济增长和社会融合具有显著的影响。在自上而下的财政分配体系中，行政级别直接决定了城市财政资源的可获取程度；同时，城市级别直接影响城市人口规模与结构，它们是社会融合差异的基础因素。因此，城市行政级别是考察城市发展影响因素中的一个重要指标，但由于本书将采用30个直辖市和省会城市作为样本进行检验，样本间的行政级别差异在总体城市行政级别维度上相近，所以在此项研究中姑且略去这个指标。

选择从而聚焦于少量变量。此项研究关心的城市包容性增长的落脚点是在城市中生产生活的人口的状况，以城市人口的经济、社会形态来反映城市包容性增长的发展变化。基于这个思路，将目光聚焦于保障房相关的城市发展影响因素集合的四个指标，用与流动人口的经济形态密切相关的工资收入和就业人口规模变化来刻画繁荣指数；用与流动人口的社会形态紧密相关的城市化率 ① 和基础教育覆盖率变化来刻画包容指数 ②。在时间的选择上，"十一五"规划（2005—2010年）和"十二五"规划（2011—2015年）两个时间段，是自然而然的选择。五年一次的全国层面的规划不仅在经济和社会发展中体现出计划性和周期性，同时非常契合的是，保障房建设在这两个规划期间有明确的目标和很大规模的推进（"十一五"期间全国兴建保障房1000万套，"十二五"期间兴建3600万套，两个阶段皆有大规模的保障房建设目标且数量上有较大差异）。构建的城市繁荣指数与包容指数如下表（表4-2），数据全部来源于《城市统计年鉴》，确保了统计口径一致性。

繁荣指数与包容指数构建　　　　　　　　　　表4-2

指数	变量	收集数据年份
繁荣指数	工资收入变化	2005，2010，2015
	就业人口规模变化	2005，2010，2015
包容指数	城市化率变化	2005，2010，2015
	基础教育覆盖率变化	2005，2010，2015

　　分别计算各城市的工资收入、就业人口规模、城市化率和基础教育覆盖率在"十一五"规划期间和"十二五"规划期间变化的标准值，进入以下繁

---

① 城镇化率的核算方法参考（戚伟等，2017），即本地户籍城镇人口与常住总人口的比值。这是中国户籍制度下特有的一种对城市化率的测度，比常住人口城镇化率更贴切地反映了城市化质量。我国积极推动已在城镇就业的农业转移人口落户，使其能够享受与本地户籍人口同等的权利和义务。

② 城市化率与基础教育覆盖率的提升都是新型城镇化规划的重要目标。

荣指数和包容指数的二阶矩阵（图4-1）。

繁荣指数矩阵	工资收入变化（%）	就业人口规模变化（%）
"十一五" 规划	③	③
"十二五" 规划	②	④

包容指数矩阵	城市化率变化（%）	基础教育覆盖率变化（%）
"十一五" 规划	③	③
"十二五" 规划	②	④

图 4-1　繁荣指数与包容指数矩阵

通过计算二阶矩阵行列式，得到30个城市的繁荣指数（Pindex）和包容指数（Iindex）如下表（表4-3）。

30个直辖市与省会城市（拉萨除外）的繁荣指数与包容指数　　表4-3

城市	Pindex	Iindex	城市	Pindex	Iindex	城市	Pindex	Iindex
北京	−0.41	−1.26	杭州	1.90	−0.18	海口	0.47	−0.96
天津	1.86	0.23	合肥	−0.04	−1.49	重庆	2.03	1.27
石家庄	−0.05	0.21	福州	0.19	0.52	成都	−1.38	0.77
太原	−0.68	−1.01	南昌	−0.08	−0.60	贵阳	0.87	0.07
呼和浩特	−0.79	1.04	济南	−0.16	0.49	昆明	1.47	−0.63
沈阳	−0.56	−0.25	郑州	−0.05	0.82	西安	−0.17	0.37
长春	0.80	−0.43	武汉	−0.11	−0.83	兰州	0.46	−0.47
哈尔滨	0.68	−1.07	长沙	0.33	−0.64	西宁	1.24	1.42
上海	2.44	0.81	广州	1.78	0.82	银川	−0.60	−0.09
南京	−0.38	−0.28	南宁	−0.71	0.95	乌鲁木齐	−0.25	0.00

数据来源：《中国城市统计年鉴》

将城市的繁荣度和包容度分别排序，展示如图4-2所示。需要注意的是，此图展示的是各城市跨度为10年的长期表现，比较的是各城市在经济与社会两方面的发展速度。从繁荣指数的图上，不难发现一个规律，即存在较为明显的区域增长极：西部经济发展最快的是重庆与昆明，北部为天津，东部为上海与杭州，南部为广州。在包容指数的图上，并未发现明显的区域

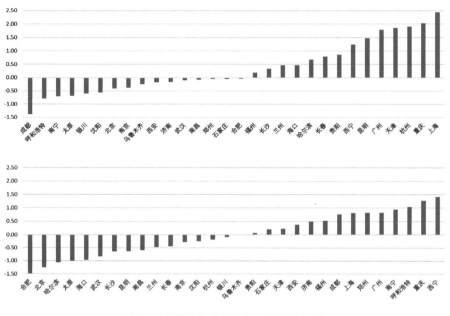

图 4-2　繁荣指数（上）与包容指数（下）

分布规律，但可以看到，经济发展最快的城市当中，重庆和广州在社会发展
中也表现出色。

　　城市包容性增长指标体系中，除了繁荣指数和包容指数，还加入了城市
所属区域变量。该变量建立在已有文献 ① 的研究结果基础上，反映城市所在
区域的保障房供需配比。已有研究根据各地保障房准入条件测算了保障房覆
盖范围，对照"十二五"规划期间保障房建设任务的分配，结果显示七大地
区中代表城市的保障房供需端配比有很大差异。参照测算结果，将区域变量
定义为保障房需求指标，按供需比大小排序赋值，构建定序变量。保障房需
求超过供给越多赋值越大，从而得到七大地区，从 1 到 7 依次为西北、东北、
华北、西南、华中、华南、华东。

---

① 该变量设计参考郑思齐等（2014）对中国城市住房保障覆盖范围的测算。

4.2.2 保障房供给指标体系

保障房供给指标体系的构建是一个难点，变量的选取并不难，关键的难点在数据的获取。参考史蒂文斯等（Stevens et al.，2006）提出的公共物品供给的3个维度的评价指标设计，本书将保障房供给指标体系设置为保障房供给数量、保障房供给质量和保障房供给对象。这部分既是难点也是重点，需要探索与创新。接下来将详细说明这三个维度的指标设计与数据来源。

首先是保障房供给数量，相对来说这是比较容易获取但收集过程非常消耗时间的指标。2005年以来，为满足大量中低收入群体的住居需求，保障性安居工程被列为深化住房制度改革的重大民生工程。为贯彻落实《国务院关于坚决遏制部分城市房价过快上涨的通知》（国发〔2010〕10号）、《国务院办公厅关于促进房地产市场平稳健康发展的通知》（国办发〔2010〕4号）精神，指导各地做好2010—2012年保障性住房建设规划和"十二五"住房保障规划编制工作。2010年6月11日，住房城乡建设部、国家发展和改革委员会、财政部、国土资源部、农业部、国家林业局共同发布了《关于做好住房保障规划编制工作的通知》，要求各地区将住房保障列入政府计划内容，编制住房保障规划，包括保障性安居工程规划建设方案、年度建设计划及其完成情况、保障性住房分配政策等信息。通过网络搜索，在各城市公布的"十三五"住房保障规划中获得各城市在"十二五"规划期间保障性住房的建设完成数量，未公布住房保障规划的城市则从城市住房建设规划、城市总体规划、城市统计年鉴与官方网站报道中查找保障性住房建设数量的信息。收集结果和数据来源详见表4-4。只有北京、天津等极少数城市有公布"十一五"规划期间的保障性住房建设数量，因此后续实证分析中保障房供给数量指标采用"十二五"规划期间各地保障房建设数量（表4-4）。

30个直辖市与省会城市（拉萨除外）保障房供给数量　　　　表4-4

城市	保障房供给数量（万套）[①]		数据来源
	"十一五"规划	"十二五"规划	
北京	48.5	25.4	北京"十二五"时期住房保障专项规划；中央人民政府网站[②]；北京市统计年鉴
天津	33	44	天津住房建设"十二五"规划；自然资源部网站
石家庄	—	14.48	石家庄市住房保障"十二五"规划
太原	—	12.03	太原市住房和城乡建设"十三五"规划
呼和浩特	—	3.59	呼和浩特新闻网
沈阳	—	20	沈阳市住房保障网[③]
长春		7.2	长春市保障性安居工程网
哈尔滨	—	3.4	哈尔滨市住房保障和房产管理局网站
上海		79.8	上海市住房和城乡建设管理委员会网站
南京	—	15.6	南京市住房保障"十三五"规划
杭州	8	13.1	杭州市"十二五"住房保障与房地产业发展规划；杭州市城市建设"十三五"规划
合肥	1.8	26	合肥市"十二五"规划；合肥市"十三五"保障性安居工程建设规划

① 涉及公布数据为建筑面积的，统一按照60m²/套进行估算。各城市对保障房供给数量的统计口径略有差异，根据此项研究对保障房的定义，在数据收集时尽量选择公租房、廉租房和经济适用房三种保障房类型的数量，剔除棚户区改造等安居工程的数量以及限价房等商品房数量。

② 由于北京市"十三五"时期住房保障专项规划未公开，因此，北京市"十二五"规划期间的保障房供给数据来源于中央政府门户网站报道《北京市"十二五"100万套保障房建设筹集全部完成》http://www.gov.cn/xinwen/2016-01/01/content_ 5030101. htm。此数据中包含定向安置的安居工程数量，因此根据北京市统计年鉴中发布的保障性安居工程建设情况中的各类别竣工面积进行修正。另外，北京市"十三五"规划期间计划筹建保障房20万套。

③ 根据沈阳市住房保障网站公布数据，2011年沈阳完成保障性住房5万套，2012年完成3万套，从而估算"十二五"期间，共建设保障性住房20万套。

续表

城市	保障房供给数量（万套）		数据来源
	"十一五"规划	"十二五"规划	
福州	4.2	11.55	福州市"十二五"住房规划；福州市"十三五"住房建设专项规划
南昌	—	7.1	南昌市住房保障和房产管理局
济南		10	自然资源部网站
郑州	5.5	29.236	郑州市"十二五"保障性住房建设规划；郑州市"十三五"住房发展规划
武汉	8	15.2	武汉市住房保障"十二五"规划；武汉市住宅与房地产发展"十三五"规划
长沙	—	4.6	长沙市住房保障服务局网站
广州	—	16.68	广州市城市建设第十三个五年规划
南宁	5.7	11.64	南宁市十二届人大九次会议报告；南宁市"十三五"住房保障规划
海口	—	6.33	海口市"十二五"保障性住房建设发展规划
重庆	—	80	中央人民政府网站
成都		5.195	成都市住房保障规划（2011—2015年）
贵阳	—	10	贵阳市住房和城乡建设局网站
昆明	—	28.9	昆明市国民经济和社会发展第十三个五年规划纲要
西安	5.36	31.55	西安市住房保障和房屋管理局网站；西安市保障性住房"十二五"规划
兰州	—	13.91	兰州市人民政府工作报告（2016）
西宁		4.46	西宁市"十三五"住房和房地产发展规划
银川	—	3.47	银川市住房和城乡建设局网站
乌鲁木齐	—	5	乌鲁木齐市国民经济和社会发展第十二五年规划纲要

然后是保障房供给质量维度和保障房供给对象维度，这两个维度缺少全国层面的披露渠道，也很难通过信息的收集建立统一的定量评价指标。考虑到保障房供给的社会认可度是保障房供给效果的一个重要的衡量指标（方

德斌，2012），因此，此项研究采用中国家庭追踪调查（China Family Panel Studies，CFPS）的数据，来间接获取保障房供给质量和保障房供给对象信息。CFPS是由北京大学社会科学研究院开展的一项跟踪调查项目，关注中国居民的经济与非经济福利，包括经济活动、家庭迁移、社会保障、生活评价等在内的诸多调查内容，样本覆盖25个省（自治区、直辖市）。其涵盖经济与社会主题的调查问卷符合此项研究的需求。其问卷分为家庭经济问卷和个人问卷，通过ID互相关联。本书采用的数据是从家庭经济问卷数据中的"您家现在住的房子归谁所有（FQ2）"中筛选出"廉租房4"与"公租房5"[①]的保障性住房的承租对象。继而通过家庭经济问卷中筛选出的保障性住房的样本的ID，锁定成人问卷中的"在家基因家庭成员"中第一位成员对所居住保障住房的评价和对自身的评价数据。

调查问卷中的以下3个问题被选为保障房供给质量的反映指标：①社区便利设施，包括教育、医疗、交通等公共设施整体情况评价；②社区周边环境评价，是否有噪声污染、垃圾堆放等；③社区周边治安情况评价。另外3个问题被选为保障房供给对象的反映指标：①收入水平自我评价；②社会地位自我评价；③生活满意度评价。以上的6个指标都是自我感知类的题项，通过来自不同城市的样本，可以观察城市间的差异。

4.3
繁荣、包容与保障房供给数量

保障性住房的表现在城市间有较大差异，部分城市供大于求、部分城市

---

① 其中"廉租房"是指政府以租金补贴或实物配租的方式，向符合城镇居民最低生活保障标准且住房困难的家庭提供社会保障性质的住房。"公租房"是"公共租赁房"的简称，指的是政府或公共机构所有的房屋，以低于市场价或者承租者承受得起的价格租给住房困难群体。

供不应求（徐虹，2011；陈健和高波，2012；杨赞等，2014）。徐虹（2011）、贾康和张晓云（2012）认为在城市化水平和财富分配格局的共同影响下，住房保障水平将以倒U形状呈现。大城市中保障性住房供给不足与商品房价格快速上涨导致了住房供给和需求的结构性错配（王先柱和赵奉军，2009）。30个直辖市与省会城市在"十二五"规划期间建设的保障房供给数量与城市繁荣度、包容度的关系如图4-3所示。

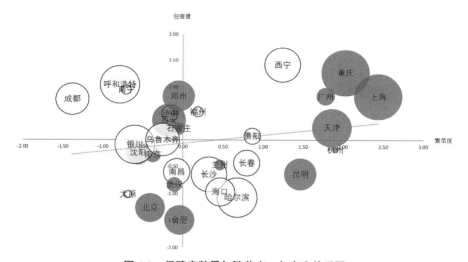

图 4-3　保障房数量与繁荣度、包容度关系图

注：气泡面积表示"十二五"规划期间各地保障房建设数量的标准值，其中正值为深色，表示保障房建设数量较多的城市；负值为白色，表示保障房建设数量较少的城市。

在保障房数量与繁荣度、包容度关系图中，表现出如下几点规律：①保障房建设数量较多的城市，倾向于具有更高的繁荣度与包容度，说明其城市包容性增长速度更快。同时，处于第一象限的，在繁荣与包容两方面都表现更好的城市中，可见繁荣指数与包容指数越大的城市，保障房建设数量也越多；②保障房建设数量相对较少的城市，更集中地处于繁荣度与（或）包容度较低的区域；③城市繁荣指数与包容指数呈正相关，反映两者相互促进的作用。

再看此关系图中，非常瞩目的两个城市——重庆与上海，这两个城市的保障房供给数量较大，城市的繁荣度与包容度指数也较高。上海市有超过1000万的外来人口，他们的住房主要靠市场租赁解决。但租房市场中中小户型和中低价位的住房短缺，且租约不稳定。公租房供给政策是本着合理化房源结构，在一定阶段内缓解了这一部分群体的居住困难的目标设计的，因此其价格趋紧市场水平，但不受户籍和收入限制。而重庆市的公租房建设走在全国前列，非常具有代表性，具体将在后续章节中展开详细论述。

4.4
保障房供给拉动城市内需的实证检验

为了进一步探索保障房供给拉动城市内需的效应，接下来将通过结构方程建模开展实证检验，进而探讨保障房供给数量、质量和对象的差异对城市包容性增长的影响。

4.4.1 样本统计分析

在进行建模之前，先对以上指标体系采用的数据库进行样本统计分析。各项指标的描述性统计结果见表4-5。

样本描述性统计 表4-5

	N	Minimum	Maximum	Mean	Std. Deviation
Pindex	261	−1.3803219	2.43802525	.77642437	1.14319240
Iindex	261	−1.4889136	1.27054713	.08424285	.79279422
PH_demand	261	1	7	4.72	2.124
IncomeLevel	261	1	5	2.23	.973
SocialPosition	261	1	5	2.43	1.123
LifeSatisfaction	261	1	5	3.32	1.184

	N	Minimum	Maximum	Mean	Std. Deviation
Facility	261	1	5	3.29	.893
Environment	261	1	5	3.11	.918
Safety	261	1	5	3.41	.935
PH_quantity	261	−1.01093	2.17733	.0000000	1.00000000
Valid N（listwise）	261				

　　首先采用因子分析方法检验问卷样本的建构效度（吴明隆，2000），以下是运用SPSS对样本数据进行因子分析的结果（表4-6）。KMO取样适切性量数为0.705，大于0.7，样本适切性良好。同时，巴特利特球形检验结果显示样本显著不具有球形，因子提取中所有指标的提取值都大于0.3，适合做因子分析（表4-7）。从旋转后的因素矩阵结果可见，因子的区分度非常理想，且与理论上的指标设计非常吻合（表4-8）。

因子分析　　　　　　　　　　　　　　　表4-6

Kaiser-Meyer-Olkin Measure of Sampling Adequacy.		.705
Bartlett's Test of Sphericity	Approx. Chi-Square	688.070
	df	45
	Sig.	.000

因子提取　　　　　　　　　　　　　　　表4-7

	Initial	Extraction
Pindex	.564	.807
Iindex	.378	.415
PH_demand	.427	.476
IncomeLevel	.308	.448
SocialPosition	.340	.551
LifeSatisfaction	.256	.354
Facility	.342	.418

续表

	Initial	Extraction
Environment	.317	.455
Safety	.384	.589
PH_quantity	.351	.405

Extraction Method：Maximum Likelihood.

因子旋转矩阵　　　　　　　　　　　　表4-8

	Factor		
	1	2	3
Pindex	.884		
Iindex	.642		
PH_demand	.694		
IncomeLevel			.668
SocialPosition			.747
LifeSatisfaction			.583
Facility		.639	
Environment		.677	
Safety		.770	
PH_quantity	.627		

Extraction Method：Maximum Likelihood.

Rotation Method：Promax with Kaiser Normalization.

4.4.2 结构方程建模

基于样本数据因子分析与理论指标设计的一致性，接下来进行结构方程建模，考察城市间保障性住房供给的差异对城市包容性增长的影响。

采用AMOS24（Analysis of Moment Structures的缩写）分析软件进行结构方程建模。AMOS是SPSS公司旗下专门应用于SEM分析的可视化模块软件，可直接运用SPSS的数据文件，因此在数据分析和模型检验历程中具有方便的互通性。

本项研究中SEM模型的策略采用三种一般策略架构中的模型发展策略（Model Generating Strategy），其主要目的在于构建一个与实证数据可以契合的假设模型。首先基于前一章的理论分析提出一个初始假设模型（图4-4），然后根据模型适配的相关数据指标进行模型的修正后再重新估计模型，最后发展出一个有实质意义且统计上达到良好适配的理论模型。

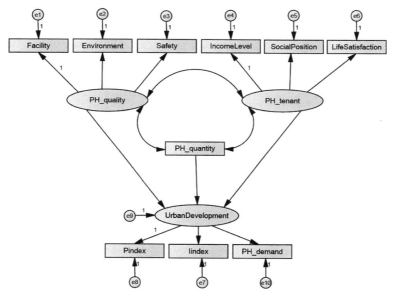

图 4-4　初始结构方程模型

上述保障房供给影响城市包容性增长的结构方程模型是一个混合递归模型，变量包括指标变量便利设施（Facility）、周边环境（Environment）、社区安全（Safety）、收入水平（IncomeLevel）、社会地位（SocialPosition）、生活满意度（LifeSatisfaction）、繁荣指数（Pindex）、包容指数（Iindex）、保障性住房需求量（PH_demand），共9个；内因潜变量城市包容性增长（UrbanDevelopment）1个，外因潜变量保障房供给对象（PH_tenant）和保障房供给质量（PH_quality）2个，以及外因观察变量保障房供给数量（PH_quantity）1个。

外因变量（包括外因潜变量与外因观察变量）与内因潜变量的结构方程式如下：

$$UrbanDevelopment = \gamma_1 PH_{quantity} + \gamma_2 PH_{quality} + \gamma_3 PH_{tenant} + \zeta \qquad (4-1)$$

指标变量的测量模型用矩阵（2）-（4）表示如下：

$$\begin{Bmatrix} Facility \\ Environment \\ Safety \end{Bmatrix} = \begin{Bmatrix} \lambda_{11} \\ \lambda_{12} \\ \lambda_{13} \end{Bmatrix} \times PH_{quality} + \begin{Bmatrix} \delta_{11} \\ \delta_{12} \\ \delta_{13} \end{Bmatrix} \qquad (4-2)$$

$$\begin{Bmatrix} IncomeLevel \\ SocialPosition \\ LifeSatisfaction \end{Bmatrix} = \begin{Bmatrix} \lambda_{21} \\ \lambda_{22} \\ \lambda_{23} \end{Bmatrix} \times PH_{tenant} + \begin{Bmatrix} \delta_{21} \\ \delta_{22} \\ \delta_{23} \end{Bmatrix} \qquad (4-3)$$

$$\begin{Bmatrix} Pindex \\ Lindex \\ PH_{demand} \end{Bmatrix} = \begin{Bmatrix} \lambda_1 \\ \lambda_2 \\ \lambda_3 \end{Bmatrix} \times UrbanDevelopment + \begin{Bmatrix} \varepsilon_1 \\ \varepsilon_2 \\ \varepsilon_3 \end{Bmatrix} \qquad (4-4)$$

在模型的界定中，误差项 δ 与自变量 $PH\_quanlity$ 和 PH_tenant 不相关，残差项 ε 与因变量 $UrbanDevelopment$ 不相关。

运用SPSS的因子分析功能，数据形态进行检验。有效样本观察值为261个，通过正态性评估可以看到（表4-9），10个样本数据观测变量的偏度系数都小于3，峰度系数都小于8，而且所有变量整体峰度系数也小于8。样本数据完全符合最大似然法要求的多变量正态性假定，同时，考虑到在大多数情况下最大似然估计的参数估计结果较其他方法为佳，因此，此次模型参数估计采用最大似然估计法。

4.4.3 拟合与修正

原始模型中，保障房供给质量对城市发展的路径系数不显著，故在修正模型中予以删除。再重新估计后，得到以下结果（图4-5）：

正态性评估 表4-9

Variable	min	max	skew	c.r.	kurtosis	c.r.
PH_quantity	−1.011	2.177	1.484	9.786	.730	2.407
LifeSatisfaction	1.000	5.000	−.244	−1.611	−.760	−2.506
PH_demand	1.000	7.000	−.384	−2.535	−1.405	−4.632
Iindex	−1.489	1.271	−.542	−3.577	−1.094	−3.608
Pindex	−1.380	2.438	.171	1.130	−1.556	−5.132
Safety	1.000	5.000	−.134	−.882	.385	1.269
SocialPosition	1.000	5.000	.520	3.431	−.261	−.860
IncomeLevel	1.000	5.000	.581	3.835	.226	.747
Environment	1.000	5.000	−.004	−.026	.674	2.224
Facility	1.000	5.000	.086	.570	.627	2.069
Multivariate					3.292	1.716

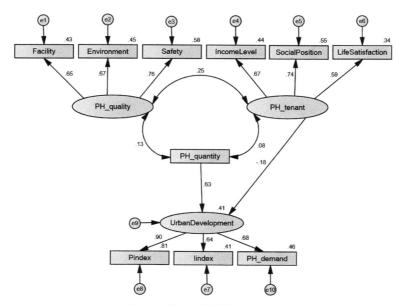

图4-5 修正后的结构方程模型

采用最大似然法估计各路径系数值，除3个参照指标值设为1不予估计外，其余回归加权值均在0.01水平上达到显著，表示模型的内在质量佳（表4-10）。结构模型中两条回归加权值均达到显著，其估计标准误为0.106与0.058。其余6个回归系数均达到0.001显著水平，参数估计值的标准误都处于0.049至0.186之间，显示理论模型符合模型的识别规则（Hair et al., 1992）。

路径系数 表4-10

			Estimate	S.E.	C.R.	P	Label
UrbanDevelopment	<---	PH_tenant	−.286	.106	−2.698	.007	par_5
UrbanDevelopment	<---	PH_quantity	.645	.058	11.108	***	par_8
IncomeLevel	<---	PH_tenant	1.000				
Environment	<---	PH_quality	1.056	.137	7.720	***	par_1
Facility	<---	PH_quality	1.000				
Safety	<---	PH_quality	1.220	.159	7.667	***	par_2
Pindex	<---	UrbanDevelopment	1.000				
SocialPosition	<---	PH_tenant	1.285	.186	6.914	***	par_4
Iindex	<---	UrbanDevelopment	.493	.049	9.961	***	par_9
PH_demand	<---	UrbanDevelopment	1.397	.133	10.527	***	par_10
LifeSatisfaction	<---	PH_tenant	1.072	.157	6.827	***	par_11

如表4-11所示，标准化路径系数后，看到潜变量对观察变量的标准化回归系数基本上都大于或接近0.71，即潜变量对解释观测变量的变异量具有较强的解释能力，信度较好（Bagozzi & Yi，1988）。其中，保障房供给质量、保障房供给对象与城市包容性增长三个潜变量中信度最佳的三个观察变量分别为安全性（0.761）、社会地位（0.741）与繁荣度指标（0.898）。

如表4-12所示，三个潜变量之间的协方差估计中，保障房供给质量与保障房供给对象之间的估计值为0.093，临界值为2.714，在0.01的水平上达到显著，两者相关系数为0.247，表现出显著正相关。而保障房供给质量与

标准化路径系数　　　　　　　　　　　　　　　　　　　　表4-11

			Estimate
UrbanDevelopment	<---	PH_tenant	−.180
UrbanDevelopment	<---	PH_quantity	.628
IncomeLevel	<---	PH_tenant	.665
Environment	<---	PH_quality	.671
Facility	<---	PH_quality	.653
Safety	<---	PH_quality	.761
Pindex	<---	UrbanDevelopment	.898
SocialPosition	<---	PH_tenant	.741
Iindex	<---	UrbanDevelopment	.638
PH_demand	<---	UrbanDevelopment	.675
LifeSatisfaction	<---	PH_tenant	.586

协方差估计　　　　　　　　　　　　　　　　　　　　　　表4-12

			Estimate	S.E.	C.R.	P	Label
PH_tenant	<-->	PH_quality	.093	.034	2.714	.007	par_3
PH_quality	<-->	PH_quantity	.073	.042	1.732	.083	par_6
PH_tenant	<-->	PH_quantity	.049	.048	1.024	.306	par_7

数量，保障房供给对象与保障房供给数量之间的关系并未达到1.96临界值，说明这两组外因变量之间并没有显著的共变关系。

3个外因变量与10个误差变量的方差估计值均为正数，且误差项均达到0.001的显著水平。此外，误差项及残差项没有出现负的误差方差，表示未违反模型基本适配度检验标准（表4-13）。

通过标准化残差协方差矩阵对模型内在质量进行检验。标准化残差协方差矩阵中没有大于2.58者，表示模型个别参数表现良好，即模型的内在质量佳。更严格的观点（Amos文字输出解释）建议标准化残差值的临界值指标为2.00，此模型中的所有参数都符合这个标准（表4-14）。

方差估计 表4-13

	Estimate	S.E.	C.R.	P	Label
PH_tenant	.417	.088	4.766	***	par_12
PH_quality	.338	.069	4.921	***	par_13
PH_quantity	.996	.087	11.402	***	par_14
e9	.620	.091	6.783	***	par_15
e1	.456	.055	8.229	***	par_16
e2	.462	.059	7.848	***	par_17
e4	.526	.071	7.376	***	par_18
e5	.567	.102	5.580	***	par_19
e3	.367	.065	5.655	***	par_20
e8	.251	.071	3.557	***	par_21
e7	.371	.038	9.879	***	par_22
e10	2.443	.258	9.454	***	par_23
e6	.917	.103	8.911	***	par_24

标准化残差协方差矩阵 表4-14

	PH_quantity	LifeSatis-faction	PH_demand	Iindex	Pindex	Safety	Social Position	Income Level	Environ-ment	Facility
PH_quantity	.000									
LifeSatisfaction	1.580	.000								
PH_demand	−.336	1.590	.000							
Iindex	.182	.582	.481	.000						
Pindex	.045	.965	.043	−.172	.000					
Safety	.468	.067	1.239	−.866	1.147	.000				
SocialPosition	−.633	−.033	.869	−.385	−1.046	−.232	.000			
IncomeLevel	−.312	−.097	1.702	−.431	−.359	−.488	.063	.000		
Environment	−.662	.488	.376	−1.385	−.109	.046	−.297	.270	.000	
Facility	−.035	1.466	−.903	.515	.206	−.034	−.638	1.027	−.024	.000

模型的整体适配度质量理想，详见下表（表4-15）。

整体模型适配度检验摘要表 表4-15

统计检验量	适配的标准或临界值	检验结果数据	模型适配判断
绝对适配度指数			
P值	＞0.05	0.076	是
CMIN/DF值	2以下	1.382	是
RMSEA值	0.08以下	0.038	是
GFI值	0.90以上	0.97	是
AGFI值	0.90以上	0.948	是
增值适配度指数			
NFI值	0.90以上	0.939	是
RFI值	0.90以上	0.911	是
IFI值	0.90以上	0.982	是
TLI值	0.90以上	0.974	是
CFI值	0.90以上	0.982	是
简约适配度指数			
PNFI值	0.50以上	0.647	是
PCFI值	0.50以上	0.676	是
AIC值	理论模型值小于独立模型值，且同时小于饱和模型值		是
BCC值	理论模型值小于独立模型值，且同时小于饱和模型值		是
CN值	≥200	317	是

1. 绝对适配度指数

模型的卡方值为42.9，自由度31，显著性概率值P＝0.076＞0.05，未达到显著水平，接受虚无假设。表示观察数据所导出的方差协方差矩阵与假设模型导出的方差协方差矩阵相等的假设获得支持，即假设模型图与观察数据契合。整体模型适配度的统计量中，【CMIN/DF】即卡方与自由度比值为

1.382，表示理论模型与实际数据契合度良好。RMSEA为渐进残差均方和平方根（root mean square error of approximation），它将自由度与模型的复杂度也列入考虑，数值的改变不易受样本多寡的影响，因而在评价模型绝对适配度时，RMSEA优于其他指标（Marsh & Ball，1994），是最重要的适配度指标信息。其值越小，表示模型的适配度越好，多数学者认同的模型契合度门槛是RMSEA数值等于0.08（Browne & Cudeck，1993；McDonald & Ho，2002）。此模型中RMSEA值为0.038，表明模型绝对适配度良好。GFI为良适性适配指标（goodness-of-fit index），可理解为假设模型协方差可以解释观察数据协方差的程度，相当于复回归分析中的决定系数（R^2）。而AGFI即为调整后的良适性适配指标（Adjusted Goodness-of-Fit Index）。因此，GFI与AGFI的值介于0到1之间，数值越大表示模型的契合度越好。一般的判别标准是GFI与AGFI的值大于0.9（Hu & Bentler，1999），也有学者认为评价指标值应提高到0.92以上。此模型中GFI为0.97，AGFI达到了0.948，表示模型路径图与实际数据有良好的适配度。

2. 增值适配度指数

增值适配度指数是一种衍生指标，是利用基准线模型对假设理论模型进行比较，从而判别模型的契合度。在Amos的输出结果中，包括以下五种增值适配度检验统计量。NFI为规准适配指数（Normed Fit Index），反映假设模型与独立模型的差异程度。RFI为相对适配度指数（Relative Fit Index），IFI为增值适配指数（Incremental Fit Index），TLI为非正规适配指数（Tacker-Lewis Index），用来比较假设模型对虚无模型之间的适配程度。CFI为比较适配指数（Comparative Fit Index），代表在测量从最限制模型到最饱和模型时，非集中参数的改善情形。上述5个指标值大多介于0与1之间，越接近1表示模型适配度越好，一般用于判别模型路径图与实际数据是否适配的标准均为0.90以上。在此模型中，NFI、IFI、TLI、CFI数值均大于0.90，RFI值接近0.9，总体上表现出模型适配度符合要求。

3. 简约适配度指数

AIC 和 BCC 是用来比较具有不同潜在变量数量模型的精简程度，用于检验单一模型适配度好坏时，其判断标准时假设模型的指标值小于饱和模型及独立模型。此模型中，AIC 和 BCC 指标的理论模型值小于独立模型值，且同时小于饱和模型值，符合适配要求。PNFI 为简约调整后的规准适配指数，PCFI 与其性质相同，都是用来判断模型的简约程度，一般皆采用数值大于 0.50 为模型可接受范围。此模型中，PNFI 为 0.647，PCFI 为 0.676，皆符合模型简约适配度要求。CN 值为临界样本数（CriticalN），其意义是在统计检验的基础上，要得到一个理论模型适配的程度，所需要的最低的样本大小值（Hoelter，1983）。当 CN 指标值在 200 以上时，表示该理论模型可以适当反映实际样本的性质。此模型中 CN 值等于 317，符合适配要求。

4.4.4 结果

模型适配度达标后，接着通过路径分析结果来观察保障房供给对城市包容性增长的影响。下面三个表（表 4-16～表 4-18）分别显示各变量之间的标准化总效果值、标准化直接效果值与标准化间接效果值。在结构模型中，外因变量 *PH_quantity*（保障房供给数量）对内因潜变量 *UrbanDevelopment*（城市包容性增长）的总效果值即直接效果值为 0.628，对城市繁荣度和包容度的间接效果值分别为 0.564 与 0.401，可见保障房供给质量对城市的繁荣与包容以及这两者综合代表的城市包容性增长都是正向影响；考察的另一条路径为，外因潜变量 *PH_tenant*（保障房供给对象）对内因潜变量 *UrbanDevelopment*（城市包容性增长）的总效果值即直接效果值为 −0.18，对城市繁荣度和包容度的间接效果值分别为 −0.162 与 −0.115，说明保障房供给对象对城市的繁荣与包容以及这两者综合代表的城市包容性增长都是负向影响。

标准化总效果 表4-16

	PH_quantity	PH_quality	PH_tenant	UrbanDevelopment
UrbanDevelopment	.628	.000	−.180	.000
LifeSatisfaction	.000	.000	.586	.000
PH_demand	.424	.000	−.122	.675
Iindex	.401	.000	−.115	.638
Pindex	.564	.000	−.162	.898
Safety	.000	.761	.000	.000
SocialPosition	.000	.000	.741	.000
IncomeLevel	.000	.000	.665	.000
Environment	.000	.671	.000	.000
Facility	.000	.653	.000	.000

标准化直接效果 表4-17

	PH_quantity	PH_quality	PH_tenant	UrbanDevelopment
UrbanDevelopment	.628	.000	−.180	.000
LifeSatisfaction	.000	.000	.586	.000
PH_demand	.000	.000	.000	.675
Iindex	.000	.000	.000	.638
Pindex	.000	.000	.000	.898
Safety	.000	.761	.000	.000
SocialPosition	.000	.000	.741	.000
IncomeLevel	.000	.000	.665	.000
Environment	.000	.671	.000	.000
Facility	.000	.653	.000	.000

标准化间接效果 表4-18

	PH_quantity	PH_quality	PH_tenant	UrbanDevelopment
UrbanDevelopment	.000	.000	.000	.000
LifeSatisfaction	.000	.000	.000	.000
PH_demand	.424	.000	−.122	.000

续表

	PH_quantity	PH_quality	PH_tenant	UrbanDevelopment
Iindex	.401	.000	−.115	.000
Pindex	.564	.000	−.162	.000
Safety	.000	.000	.000	.000
SocialPosition	.000	.000	.000	.000
IncomeLevel	.000	.000	.000	.000
Environment	.000	.000	.000	.000
Facility	.000	.000	.000	.000

4.5 保障房供给拉动城市内需的效应分析

这个结构方程模型带来了一些有统计意义的结果，印证了之前的理论分析与初步观察。保障房供给对城市繁荣与包容的促进作用是互相融合的，保障房供给有利于流动人口融入城市，城市化过程中释放的消费潜力以及城市产业发展又促进城市繁荣，从而构成了保障房供给拉动城市内需的路径。

保障房供给数量、保障房供给质量与保障房供给对象这三个维度中，数量对拉动城市内需的影响最大，而质量对拉动城市内需还未形成显著的影响。自"十一五"规划在全国范围大规模启动住房保障安居工程以来，保障房建设经历了十多年的发展，数量的增长迎合了快速城市化进程中城市人口的大量增长，在这个阶段中，需求大于供给，因此数量是更为重要的决定因素。相比之下，保障房质量的差异对拉动城市内需暂不形成重要影响。而保障房的供给对象与拉动城市内需的相关系数虽然较小但也有显著影响。

具体的影响要素，从本项研究关心的保障房供给数量与城市包容性增长的关系开始分析。保障房供给数量的测量指标在整体上对繁荣指数和包容指数产生了同向的影响，而不是反向的影响。也就是说，从长期来看，增加保障房供给数量不仅有助于城市包容，而且也不妨碍城市繁荣。这个结果对城市管理者制定住房政策具有重要的借鉴意义。地方政府在保障房建设中的驱动因素来源于上级政府的要求与对城市发展的规划，前一项是被动的，后一项是主动的。在被动因素驱使下，保障房的建设容易出现目标替代，致使政策结果偏离预设目标。常见诸媒体的关于保障房建设的负面报道，比如已建成的保障性住房大量闲置、有些保障房项目仅仅是"纸上工程"、虚报保障性安居工程开工或完工量、保障房工程质量以次充好、专项资金闲置等许多问题正是在自上而下的行政任务驱动下产生的负面结果。而在地方政府以促进城市发展为目标主动开展保障性住房建设规划的驱动下，建设效果与目标可产生更有效的匹配。

再来看保障房供给对象与城市包容性增长的关系，两者呈现显著的负向关系，表明经济和社会地位越高的人群，越不适合作为保障房的保障房承租者或购买者。反过来说，即保障房供给要首先保障在经济情况和社会地位上最弱势的群体，才更有利于城市包容性增长。在住房保障安居工程启动之初，各城市在保障房供给对象上的政策制定是相似的，以本地户籍中低收入家庭为主，解决城市人口中较弱势群体的住房问题。随着保障房建设项目的持续发展，以及城市化的推进形成的人口结构转变，各城市在保障房供给对象上逐步转向常住人口，根据城市的定位在吸引人口流入的政策上也开始出现较大差异。一些城市，例如上海市，通过提供"人才房"，吸引高学历、高技能人群；一些城市，例如重庆市，通过提供公租房（或廉租房），吸引工业和服务业等基础技能的就业人口；也有一些城市的保障房供给仍只面对户籍人口，例如北京市①，作为限制城市人口增长的组合政策之一。在快速

---

① 虽然文件规定中并未将非京籍户籍人口排除在外，但由于房源较少，以积分制作为选择机制的实际操作过程中，非户籍人口并无优势，很难获得公租房的房源。2017年开始，政策逐步向稳定就业的非京籍户籍人口开放更多房源。

城市化阶段，理论推导与实证结果都指向同一个方向，即面向以流动人口为主的社会弱势群体的保障房供给政策，更有助于拉动城市内需，促进城市包容性增长。

4.6 小结

本章应用市民化与内需融合的框架，基于内需的视角，实证检验了保障房供给对城市包容性增长的影响，分析了保障房供给拉动城市内需的效应。

首先构建了城市包容性增长与保障房供给的指标体系。用繁荣度与包容度两个指标刻画城市包容性增长的动态变化，又从质量、数量和供给对象三个维度构建了保障房供给指标体系。通过对30个城市在"十二五"规划期间的保障房供给数量与城市繁荣度与包容度关系的初步观察，发现保障房供给数量较多的城市，倾向于具有更高的繁荣度与包容度。同时，在繁荣度与包容度两方面都表现更好的城市中，保障房建设数量也越多。并且，城市繁荣度与包容度呈正相关，反映两者相互促进的作用，实践观察与理论分析相符。

继而，构建了保障房供给影响城市包容性增长的结构方程模型，探索保障房供给要素与城市包容性增长的关系。保障房供给数量、保障房供给质量与保障房供给对象这三个维度中，数量对城市包容性增长的影响最大，而质量对城市包容性增长还未形成显著的影响。同时发现，保障房供给要首先保障在经济情况和社会地位上最弱势的群体，才更有利于城市包容性增长。

这一章的实证研究结果印证了之前的理论分析，保障房供给拉动城市内需，从而促进城市包容性增长。接下来将从市民化的视角，考察保障房供给对落实流动人口市民化的效应。

保障房供给对城市包
容性增长的效应：市
民化视角

前一章从内需的视角研究了保障房供给对城市发展的效应，在运用结构方程模型检验得出的主要结论中，可以看到保障房供给对象与城市包容性增长密切相关。这一章依然应用市民化与内需融合的框架，基于市民化的视角研究保障房供给与城市包容性增长的关系，探索保障房供给落实流动人口市民化的效应。

在实践中，保障房供给对流动人口的影响怎样促进城市包容性增长？带着这个问题，本章将研究的关注点聚焦于保障房供给对象，以繁荣与包容协同的城市为案例开展研究。住房的可支付性是家庭在城市中能否立足的关键因素，决定其是否能融入当地的经济社会环境（Dooling & Simon，2016）。这个部分将结合新型城镇化强调的"以人为核心"的发展理念，考察保障房供给对流动人口融入城市产生的影响。

5.1 引言

前一章在考察保障房供给对拉动城市内需的效应分析中采用了数据驱动的方法，是因为用数据说话相对于靠直觉和意识形态来判断显得更为客观一些。这样的研究方法虽然有优势，但同时带来的缺点是将现实过于抽象化了，数据的统计分析淹没了大量的细节，而无法直接触碰人的现实感观。因此，这一章的研究将从市民化的视角切入，通过案例分析，试图对保障房供给对流动人口的影响得到深入的了解。要理解保障房供给对流动人口的影响，主要依靠信息收集、实地考察和经验判断，同时也辅助采用一些定量的研究工具来进行验证。

本章的研究路线从案例选择开始。首先在前一章实证研究涉及的30个直辖市和省会城市范围内，根据各项筛选标准逐步缩小目标范围。案例选择相对来说是一个受到主观因素影响的步骤，它可能被数据掌握程度、区位便利性、研究者偏好等许多个人特征所决定。此章研究中，不可否认并未完全避免这些约束条件的限制，但采取了一些办法尽量客观地选择最具有代表性和研究意义的案例，具体选择的方法、判断的依据和使用的工具将在后续内容中详细解释。

根据选择出来的案例，第二个步骤是开展实地调研，并结合网络信息资源，进行案例分析。由于时间和经费的限制，此项研究中只能选择了一个城市作为实地调研对象。笔者先后两次到案例城市实地考察了多个公租房项目，对公租房的住户和物业管理人员进行了访谈，收集了一手资料。该城市政府建设并良好维护的公租房信息网，为案例研究提供丰富的信息来源。

第三个步骤是回归分析，用来判断哪些因素在传导机制中起到了显著的作用。采用国家卫生计生委提供的2014年全国流动人口动态监测调查数据，借助非线性离线选择模型探索保障房供给对流动人口在城市中的融入效应，并借助定量比较探索保障房供给对流动人口消费水平的影响。

最后，依据案例分析与回归结果，围绕流动人口的融入情况和城市居民消费水平提升这两个视角，理解保障房供给影响城市的微观基础。进而，探讨新型城镇化的背景下保障房供给影响城市包容性增长的效应。

5.2 案例选择与数据来源

5.2.1 案例选择

选择一个城市作为案例开展调研，因此对城市的选择必须十分谨慎。该案例城市需要同时具备以下两个特点：一是在包容度和繁荣度两方面都表现较好；二是保障房供给数量较大。回忆前一章节中通过观察保障房供给与城市繁荣指数和包容指数的关系，速写了30个直辖市和省会城市在保障房供给、城市繁荣度、城市包容度三个方面的肖像。这些城市在四象限中的定位成为这一章节中选择案例的第一步。要探索保障房供给如何促进城市包容性增长，自然将城市的选择缩小为繁荣度与包容度都相对领先的城市集合当中，从而将30个城市的选择范围缩小到7个城市。保障房的供给是研究的重要对象，因此保障房供给数量更多的城市更利于开展此项研究。通过这一筛选条件，将案例城市的选择范围进一步缩小为4个，包括重庆、上海、天津和广州。

在以上两个筛选条件之外，还希望该城市的保障房项目在国际和国内学术研究领域具有较高的关注度，这样的选择倾向于阅读者对此项研究的案例有更好地了解。因此，接下来开展文献分析，从而寻找研究的热点。以 Publichousing 和 Urbandevelopment 为关键词，在 Webof Science 上搜索到 2000—2018年这两个领域的文献分别为872篇与1171篇。运用 CiteSpace[①]对这些文献进行共被引聚类分析，呈现出这两个领域的交叉网络研究热点（Chen，2010），得到科学知识图谱如下（图5-1）。

可见在保障性住房和城市发展领域，一些关键词包括新自由主义、社会网络、美国城市和"希望六号"计划等是这两个领域的交叉研究热点。同样，结果清晰地显示出，近年来重庆市的保障房项目在国际上具有非常显著的关注度。由此，根据以上条件的层层筛选，本章将选择重庆作为案例城市，然后探索保障房供给对落实流动人口市民化的效应。

---

① CiteSpace 是一款免费的 Java 应用程序，用于可视化分析科学文献的发展趋势和发展模式。基于大数据的运算，发现研究领域发展过程中的关键点，尤其是研究方向上的爆发点和转折点。同时，它还具有多种探索性功能，比如该文中运用此软件帮助发现两个相关领域的科学文献中的交叉引用热点。CiteSpace 主页 http：//cluster.cis.drexel.edu/~cchen/citespace/.

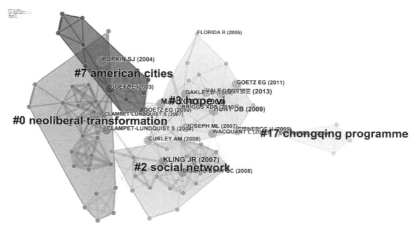

图 5-1 文献共被引聚类分析图谱

5.2.2 数据来源

为了对重庆市的保障房供给现状有直观的了解，作者采取了半结构式访谈和田野调查等方法，对重庆市的公租房项目进行了调研。所有经验资料均来自对公租房项目涉及的居民、管理部门、研究者与其他参与人员的访谈，以及大量以文本形式出现的材料，包括政府发布的政策文件和新闻媒体的报道等。

作者首先通过重庆市公共租赁房信息网[①]的平台对该市公租房的规划和进展进行了总体了解。继而，于2017年11月和2019年5月先后两次赴重庆进行了调研，实地考察了多个公租房项目，并对居民展开了随机访谈。最后，作者联络到了重庆大学多次承担重庆市公租房研究项目的科研人员和重庆市民心佳园公租房社区的物业管理部门负责人，对他们进行了面对面的半结构式访谈，深入了解了政府部门的要求与具体工作的开展。访谈与多阶段现场调研的每个环节都给予作者很多切身体会，结合理论支持，对重庆市的

---

① 重庆市公租房信息网 http://www.cqgzfglj.gov.cn/.

调研为此项研究积累了经验证据。

本章的定量分析混合采用重庆市总体年度数据和流动人口抽样数据。数据来源包括：①采用全国流动人口动态监测数据中2014年度重庆市的抽样数据，统计了6000个样本，内容包括家庭成员与收支情况、流动趋势和居留意愿、就业特征等。②重庆市统计年鉴和公报中的城市经济社会发展年度数据。③重庆市公租房信息网中的公租房供给信息。

5.3 重庆市保障房供给现状

5.3.1 重庆市城市发展概况

重庆市是中国4个直辖市之一，也是中国面积最大的城市。重庆市地处中国西南地区，是重要的工商业城市和制造业基地。在《全国城镇体系规划纲要（2010—2020年）》[①] 中被规划和定位为国家中心城市。重庆市辖26个区、8个县和4个自治县，其中主城九区（或称主城区）为重庆全市域范围内经济较为发达、基础设施相对完善的核心区域，包括渝中、江北、南岸、大渡口、九龙坡、沙坪坝主城六区和北碚、渝北、巴南近郊三区。由于重庆直辖市地域范围达到省级行政区的地域面积，以城市来衡量整个行政区域并不科学，因此在规划和经济统计中经常采用主城区这一概念。

重庆市的人均生产总值、三产比重、城乡就业比重、劳动人口比重、城镇居民人均可支配收入与支出、城市化率等指标都接近于全国平均水平（表5-1）。在直辖时原重庆市并入了周边的欠发达区域，形成主城区和其他区县的明显差异。另外，重庆市是一个以汉族为主体的多民族融合的地区，常住

---

① 2010年2月，住房和城乡建设部发布的《全国城镇体系规划纲要（2010—2020年）》提出建设五大国家中心城市的规划和定位，包括北京、天津、上海、广州、重庆。

少数民族人口占常住人口的6.7%^①，基本涵盖了所有少数民族。这些经济、社会特征，使得重庆市成为反映全国整体发展情况的一个缩影（李维和朱维娜，2014）。

重庆市与全国主要经济社会指标比较　　　　　　　表5-1

数据名称	重庆				全国
	2000年	2005年	2010年	2015年	2015年
人均生产总值（元）	6274	10845	27598	52322	50251
三产产值比重（%）	16:42:42	13:45:42	8:45:47	7:45:48	9:41:50
三产就业人口比重（%）	—	—	—	31:28:41	28:30:42
城乡就业人口比重（%）	32:68	40:60	48:52	58:42	52:48
登记失业率（%）	3.5	4.12	3.9	3.6	4.1
劳动力人口比重^②（%）	67.8	68.4	71.5	71.3	73.0
城镇居民人均可支配收入（元）	6176	10244	17532	27239	31195
城镇居民人均消费支出（元）	—	—	13335.02	19742.29	21392.36
城市化率（%）	35.6	45.2	53	60.9	56.1

数据来源：根据国家统计局网站数据整理

5.3.2 重庆市保障房项目概况

按照中央政府提出的"构建以政府为主提供基本保障，以市场为主满足多层次需求的住房供应体系"要求，重庆市着力构建以公租房为重点的住房保障体系。重庆市成立了公共租赁管理局，专门负责住房保障的规划、分配和监管等工作。按照重庆市的设计，公租房的建设主体是市政府和各区县政府，公租房产权由重庆地产集团等国有投资集团或区县政府性质的投资公司持有，运行、维护、监管等则由政府房屋主管部门和住房保障机构负责。重

① 数据来源：第六次全国人口普查。
② 劳动力人口比重采用15-64岁人口数量占常住人口数量比重。

庆市政府对公租房建设大量投入（图5-2），在"十二五"期间，地方财政支出共计489万元。

图 5-2　重庆市住房保障地方财政支出

数据来源：重庆市统计局网站

2009年，重庆市政府规划了大规模的公租房项目（图5-3）。从2010年启动首个公租房（民心佳园公租房项目）建设项目开始，重庆市公租房建设的规模便一直在全国领先。截至2019年，规划中的公租房项目已基本建设完成并投入使用。同时，此前建设的经济适用房和廉租房等保障房项目也都并入公租房。可以看到，除了鸳鸯地块和大竹林地块，其他的项目均位于主城区的边缘位置，都是依托产业园区的规划定位。主城区已建成的20多个大型的公租房居住区（图5-4），以高层为主，体量约4000万平方米，共可容纳约200万人口，占比超过目前重庆市主城区常住人口的20%。重庆市将公租房与商品房"混建"，使公租房住户与整个城市和社会有机融合，避免出现人为造成的社会隔离。

5.3.3　重庆市保障房供给目标

重庆市保障房供给的首要目标是让保障对象"愿意留下来"，即增强核心产业从业人员的居留意愿。重庆市的核心产业是制造业，属于劳动密集型

图例 ◆ 2010年规划布点　◆ 2011年规划布点　◆ 2012年规划布点

图 5-3　重庆市公租房建设规划示意图（2010—2012 年）

图片来源：作者自绘

产业。在保障房项目规划初期，重庆市政府制定了"人口跟着产业走"的引导要求，保障房供给政策设计的主要目标是为产业发展提供稳定的就业人群。因此，保障房项目定位以产业园区的规划为依托，项目体量根据产业从业人员居住需求为依据。2010年启动公租房大规模建设期间，重庆市政府的建设理念是以当前的投入争取未来收获巨大效益。

基于这个目标，重庆市在保障房供给对象上打破户籍的准入限制，实施不限户籍的住房保障制度。保障对象主要包括三类人群：一是在主城区工作的无住房家庭（或家庭人均住房建筑面积小于13m²）；二是大中专院校及职校毕业后就业人员；三是进城务工、外地来主城区工作的无住房人员。重庆

图 5-4　民心佳园社区（重庆市第一个公租房项目）

图片来源：作者自摄

公租房涵盖了过去廉租房和经济适用房的政策对象。符合廉租房保障对象的家庭可申请公租房，并按廉租房租金标准支付。公租房租期灵活，期间可随时退出，符合条件的期满可续租，无强制退出年限。在户型设计上，从30多 m² 的单间到70多 m² 的三室一厅，都具备独立的厨房、卫生间和阳台，不仅考虑了独自在外就业的流动人口的需要，也将家庭居住需求作为公租房供给的重要目标。据了解，民心佳园公租房社区的外来务工人员比例达到60%，大学生比例超过20%，许多居民申请将一居室换成二居室或三居室，以满足更多家庭成员的长期居住需求。

在增强居留意愿的基础上，重庆市保障房供给的另一个重要目标是让保障对象"有能力留下来"，即提高保障房居民的消费能力。公租房的申请条件之一是有就业合同或创业证明，即要求保障对象有稳定的收入来源。保障房居民可以通过周边的工业园区、交通物流以及商服配套中获得就业机会。以民心佳园公租房社区为例，在调研时作者了解到许多社区居民在周边的工业园区、奥特莱斯、宜家就业，有些居民在附近的公共交通站点提供交通运营服务，社区的物业管理部门也为社区居民提供了200多个就业岗位。社区还设有许多流动摊设备的集中放置点，为社区居民从事餐饮和日常用品零售服务提供了便利。

稳定的收入来源对保障对象的消费意愿产生了显著的促进作用。据民心佳园公租房社区物业负责人介绍，社区的房租为9～11元/m²，物业费为1.03元/m²。最小的一居室配套户型，每月的住房支出只有300元左右，不到周边同类型私房租住成本的一半。社区居民在居住成本上压力减小，促进了其他生活消费支出。作者在现场调研中发现，公租房社区中的配套餐饮业、服务业和零售业都有充足客源，机动车来往穿梭频繁，停车位紧张，室内家电设施齐全，休闲区域热闹活跃。可见公租房社区内业态齐全，居民安居乐业。

重庆市通过大规模公租房供给，一方面直接为流入城市的就业人口提供了居住空间，另一方面成为住房租赁市场价格的稳定器。存量住房中的公租房比例逐渐提高，平衡了住房租赁市场的价格波动。保障性住房供给对住房可支付性的正向作用，增强了保障对象在城市中的融入感与归属感，也提升了保障对象的消费能力与消费意愿。

5.4 保障房供给落实流动人口市民化的效应分析

保障房使得新就业大学生和外来打工群体在生活上和工作上更容易安顿下来，使其融入了城市的经济社会环境。保障房居民将原本用于住房消费的部分继续用于改善生活，提升生活质量，从而刺激了消费。

5.4.1 保障房成为获取城市公共服务的依托

我国一些大城市的保障房政策基于城乡二元户籍制度（齐慧峰和王伟强，2015），造成了对农村转移人口在城市定居的排斥效应（彭华民和唐慧慧，2012；Zhao，2012）。Yu & Cai（2013）、齐慧峰和王伟强（2015）认为这些问题是由于地方政府的管理不当和政策矛盾所产生的。限制流动人口定居城市的政策，使得低技能农村转移人口受到最多损伤，不仅丧失社会公平准则，也导致效率降低，不利于包容性增长（陆铭等，2012）。包容公众的不满与维持公共秩序将成为未来住房政策的一个主要因素（Madden & Marcuse，2016）。在住房保障供给上中国政府担负着相比任何一个其他国家都重要的责任，也同时更具有优势（郑玉歆，2014）。

我国快速城市化过程中，人口的增加基本上被东南沿海的大城市所吸收，但大城市高企的房价却没有抑制外来人口的持续流入。经验研究表明，城市新增人口对非普通住房的居住模式（包括工业企业内提供员工居住区和城中村等）的选择可以用来解释中国特色的城市化现象（范剑勇等，2015）。这部分人口为城市发展作出贡献，却缺少融入城市公共服务体系的途径。

城市提供的公共服务很多以住房为依托，比如基础教育。保障房可采用不同模式为保障对象提供了其子女在城市中接受基础教育的机会。集中建造的保障房项目通常建有规模配套的小学与幼儿园，在商品房项目中配建的保障房住户则可依托商品房所属的教育资源就近入学。流动人口借助保障房获得的公共服务，为其融入城市环境享受市民化待遇和平等获得城市经济增长的收益提供了有力的支撑（林晨蕾和郑庆昌，2015）。当流动人口不再"被迫流动"时，会对流入城市产生归属感和认同感，从而减少潜在的社会冲突。居住条件改善可以使得保障房政策对城市经济增长产生持续的推动力，不仅会改善城市新增人口的生活条件，城市原有居民能享受到的城市发展的收益也会增加（郑思齐等，2011）。

5.4.2 保障房社区营造了定居型消费环境

农民工群体在大城市中通常忍受着节衣缩食的生活，尽量压缩消费需求。一是他们缺少在城市中长期居留的信心，其居留期往往由可获得的就业机会决定。一旦提供临时性居住设施的就业机会终止，城市中高昂的居住成本使得他们难以觅得立身之地。这种不稳定感和漂泊感削弱了他们长期定居城市的预期。二是缺少改善生活的消费环境。非正规住区所提供的只是休息功能，无法承载居民对餐饮、娱乐、会客和隐私等其他许多住房功能的需求，自然抑制了对这些需求的消费。

保障房可为保障对象提供长期稳居住的预期。例如重庆市的公租房项目，不设置强制退出年限，只要居民符合申请条件，就可以一直续租，保障对象就会对留在城市生活做出长期打算。保障房提供完整的配套设施，保障对象能在满足情感、婚姻、育儿、人际关系等生活需要的同时，促进家电、教育、交通、娱乐等各方面的消费。重庆市的公租房社区往往单个容量达到6万～10万人。人口的规模效应在社区内部创造了大量的生活需求，需求带动了社区内的就业，更弹性的就业机会保证了生活来源，从而激励了消费，在系统内部形成需求—就业—消费的良性循环，保证了社区安全与社会稳定，可增强城市经济活力。

5.5 市民化效应的分解与实证检验

根据以上案例分析，接下来将保障房供给落实流动人口市民化的效应解析为保障房供给对流动人口的融入效应与消费效应，并以使用重庆市流动人口数据，对融入效应与消费效应进行具体分析。

5.5.1 融入效应与消费效应

流动人口在城市选择中最为关心的两个问题，在哪个城市定居，生活是否更好？因此，可以从保障房供给是否促进了流动人口融入城市生活与是否促进其消费水平这两个方面进行观察，将保障房供给对流动人口的影响归纳为融入效应与消费效应。

（1）融入效应。体面的住房是社会融入感的基本要素之一。在城市中居无定所，或在频繁更换居住地址的群体需要不断面对新环境的排斥，很难真正融入城市，其利益也很难受到保护。保障房不仅给居民提供了体面的居所，也提供了相应的社会保障。卫生、水电、交通等基础设施全覆盖，子女可以就学，父母方便就业，保障房社区物业在就业、文化、交流等各方面提供服务，使得保障房居民能享受各类社会保障，参与城市生活，真正具有融入感。

住宅价格的快速上涨不仅在经济上会强化城市居民的流动性约束，在空间流动上也会起到限制效果。保障房给居民提供了完善的居住条件和稳定的居住预期，解决了居民在城市就业生活的后顾之忧。考虑到了家庭需要的户型设计，进一步为居民在城市长期发展奠定了家庭团聚的生活氛围。保障房居民的示范效果，又带动其他流动人口和家庭的迁入，进一步增加了融入城市社会的信心。

（2）消费效应。保障房提供的租金优惠减少了居民在住房消费上的支出，相当于带来了净收入的增加，会相应带来消费支出的增加。住房消费在家庭消费中占据较大的比例，尤其是对中低收入家庭来说，住房消费可能会占到家庭收入的一半甚至更多。因此，公租房居民在住房消费支出中节省的部分，可以在家庭收入中占到较大的比例，从而促进了其他方面的生活消费。

对于租房居住的居民来说，房价持续上涨也意味着住房租金持续上涨，在收入不变的情况下，除住房外的消费预算会逐步减少。保障房为居民提供了稳定的租金价格，使得居民能够预期未来一定年限内的住房消费支出不会出现大幅度增长，这种对未来家庭财富的心理预期也可以促进当期的消费。保障房的居民将住房消费中减少的支出用于其他消费领域，例如食品、衣着或服务消费。这些消费结构的改变提升了居民的生活水平，从而又刺激了新的消费。

5.5.2 保障房供给的融入效应检验

随着城市由后工业经济时代向服务经济时代转变，大批低收入者逐渐流向大城市从事服务业，城市需要为这些从事城市基础服务行业的劳动者提供住房（龙奋杰，2009）。本节主要定量分析保障房供给对流动人口在流入城市的居留意愿的影响。采用的数据主要来源于国家卫计委发布的《全国流动人口动态监测》，该调查数据是全国唯一较为全面、具体的流动人口动态监测数据，目标总体为全国在调查前一个月前来本地居住、非本区（县、市）户口且2014年5月年龄在15~59岁的流入人口。采取分层、多阶段、与规模成比例的PPS抽样方法，在重庆市的样本点覆盖了9个主城区及其他18个区县。

1. 样本说明

依据案例选择，采用2014年国家卫计委发布的重庆市流动人口动态监测调查数据，从中筛选出现住房属性为"政府提供公租房""政府提供廉租房"和"已购政策性保障房"的样本，代表在保障性住房中居住的流动人口。由于2014年的样本中，住房属性为"政府提供廉租房"的样本量仅有4个（占样本总量的0.1%），不足以给出足够的信息来得到可信的估计值，因此未将此类型纳入定量分析。对照组的选择为"租住私房"与"已购商品房"的样本，代表在商品房中居住的流动人口。另外，该调查数据中还包括的"租住单位/雇主房"和"单位/雇主提供免费住房（不包括就业场所）"等其他住房属性，因为与此项研究目的无关，则不包含在此次检验范围内。

考虑到样本的可比性或者说降低异质性，对现有数据进行了如下处理：①所有的保障性住房的区位都在主城九区，由于主城九区与其他区县的经济差异较大，因此将作为对照组的居住在商品房的流动人口样本也限定在主城九区范围内；②考虑到租住商品房的人群中会包含因通勤方便等原因额外租住住房的收入较高的群体，他们的住房选择涵盖租赁或购买商品房，且不符合保障性住房的申请条件，并不适合在"租赁私房"的组别中与"政府提供公租房"的人群进行比较，因此采取措施时，以"政府提供公租房"样本的家庭收入范围为阈值，剔除了"租住私房"样本中超出这个家庭收入阈值的样本。虽然通过检验结果的比对发现，由于这部分样本数量小，并未影响回归结果的显著性，但基于谨慎考虑，在实证检验中仍剔除了此部分样本。

2. 变量说明

选取所调查流动人口在重庆市的长期居留意愿变量作为被解释变量。原问卷题设q220"是否打算在本地长期居住（5年以上）"，取值为"打算""不打算""没想好"。将其重新命名为wll，用数字1、2、3分别对应原取值。在这样的情况下，分类变量且选择多于两项，适用多值选择模型。然而多值选择模型的前提是，它假设从所有选项中任意挑出两个选项，都可以单独组成一个二值选择模型，即"无关选择的独立性"（Independence of Irrelevant Choices）。运用到本项研究中，也就是说长期居住意愿变量的三个选项中任何选择两个都两两独立。而实际中，"没想好"这个选项与其他两个选项各自的组合并不满足这个条件。由于二值选择模型就是多值选择模型中$J=2$的情况，因此将长期居留意愿变量转换为（1、0）的二分类变量，1代表"决定居留"，0代表"未决定居留"（包括"不打算"与"没想好"）。对wll的简单统计情况见表5-2，可见在3590个样本中，有2267个样本选择愿意在重庆市长期居留，占总数的63.1%。

选取所调查流动人口在重庆市的住房属性，构建了是否居住在保障性住房的虚拟变量ph，作为解释变量。原问卷题设q219"您现住房属于下列何种性质？"包括11项取值。如果某样本的取值为"政府提供公租房"或"已购政策性保障房"，则$ph=0$，代表该样本的住房属性为保障房；如果某样本的取值为"租住私房"或"已购商品房"，则$ph=1$，代表该样本的住房属性为商品房。考虑到租房居住群体与购房居住群体在个人特征、经济条件、社会属性上可能有较大差异，分析其居留意愿的影响因素时，有必要分为两个组别进行检验。因此，进一步将样本分为两组，租赁型住房和购买型住房。其中，取值为"政府提供公租房"和"租住私房"的样本列入租赁型住房组别；取值为"已购政策性保障房"和"已购商品房"的样本列入购买型住房组别，ph 取值同样为0和1，0代表住房属性为保障房，1代表住房属性为商品房。对 ph 的简单统计情况见表5-2，在3590个样本中，居住在保障房中的样本仅158个，占总数的4.4%。其中，租住在保障房中的样本有127个，占租赁类住房样本的4.9%；已购买保障房的样本有31个，占购买类住房样本的3.2%。可见，即使是在保障房供给数量全国领先的重庆市，其保障房在住房存量中仍占据较小的比例。相比来说，租赁类住房中保障房占比更大，这与重庆市近年来大量新建公共租赁住房的政策密切相关。

wll、*ph* 的简单统计   表5-2

Name	Var	N	Frequency（Value=1）	Percent（Value=1）
居留意愿	*wll*	3590	2267	63.1
住房属性	*ph*	3590	158	4.4
租赁类		2608	127	4.9
购买类		982	31	3.2

　　计量分析时需要用到的其他与流动人口的居留意愿相关的变量及其简单统计量见表5-3。其中，"教育"代表样本的受教育程度，从"未上过学"到"研究生"分别赋值为1到7，受教育程度越高，赋值越高；"户口"代表样本的户口性质[①]，"农业转居民"或"非农业转居民"样本赋值为1，表示该样本已在流入城市落户，"农业"或"非农业"赋值为0，表示该样本尚未在

---

① 2014年户籍制度改革实施以后，各地纷纷取消了农业户口和非农业户口制度，统一为居民户口。因此，户口属性已转为居民户口表示该样本已在流入城市落户。

相关变量及其描述统计　　　　　　　　　表 5-3

Name	Var	N	Minimum	Maximum	Mean	Std. Deviation
教育	edu	3590	1	7	3.63	1.097
户口	hk	3590	0	1	0.06	.243
婚姻	marr	3590	0	1	0.71	.452
流动时间	flo_year	3590	0	33	3.80	3.779
流动范围	flo_rage	3590	0	1	0.73	.445
年龄	age	3590	15	59	34.90	10.187
家庭收入的自然对数	ln_incm	3590	5.2204	11.3504	8.537674	.4536261
家庭支出的自然对数	ln_expd	3590	5.7038	9.9035	7.9363	.4497924

流入城市落户；"婚姻"代表样本的婚姻状态，在婚状态（包括初婚与再婚）赋值为1，非在婚状态（包括未婚与离婚）赋值为0；流动时间代表该样本在流入城市居住的年数，调查当年流入的取值为0，每增加一年取值加1。进一步分类得知，3590个样本当中，2005年以前流入的只有328个，2006—2010年流入的有1158个，2011年以后流入的样本有2104个，在"十一五"规划与"十二五"规划期间增加的流动人口超过总量的90%，符合重庆市总体的常住人口于2005年之后开始增长的变化趋势；"流动范围"代表样本来源，重庆市内部跨区县的样本赋值为1，来自重庆市以外即跨省流动的样本赋值为0；"年龄"覆盖了该调研样本选取的年龄跨度，从15岁到59岁；"家庭收入的自然对数"和"家庭支出的自然对数"代表了家庭的收支情况。

3. 公租房供给对居留意愿的影响

保障房供给有利于城市人口增长，即居住在保障房中的流动人口长期居留意愿更高，也就是说保障房供给为城市留住了人。

被解释变量取值只有两种选择，即"决定居留"和"未决定居留"，因此，采用二值选择模型（Binary Choice Model）进行回归分析，在x给定的情况下，考虑 y 的两点分布概率：

$$\begin{cases} P(y=1\,|\,x)=F(x,\beta) \\ P(y=0\,|\,x)=1-F(x,\beta) \end{cases} \tag{5-1}$$

其中，P 表示样本选择在流入城市长期居留的概率，此函数 $F(x,\beta)$ 被称为连接函数（linkfunction），其选择具有一定的灵活性。流动人口在决定是否在所在城市长期居留时，是按照效用最大化的原则进行选择的，因此在计量回归时采用逻辑分布设定，即采用 Logistic 模型。显然，这是一个非线性模型，可使用最大似然法进行估计。

Logistic 模型形式如下：

$$\ln\left(\frac{Y_i}{1-Y_i}\right)=\alpha+\beta X_i+\mu_i \tag{5-2}$$

在这里，被解释变量的拟合值代表 Y_i=1 的可能性的对数，表示解释变量的变动所引起的被解释变量等于 1 的机会的对数的变动。由于该模型是对长期居留这单个方案的决策，其选择结果由决策者的属性决定。X_i 即代表影响居留决策的流动人口属性矩阵，包括住房属性、年龄、教育程度、户口情况、婚姻状态、流入的时间和范围以及家庭收入与支出等。μ_i 为扰动项。以极大偏似然估计的似然比统计量的概率为选择标准，让影响因素以步进的方式进入回归方程，得到如下结果（表5-4）。

流动人口居留意愿影响因素的 Logistic 回归结果　　表5-4

	全样本	租赁类	购买类
ph	1.951*** (7.038)	2.539*** (12.667)	—
hk	−0.687*** (1.988)	−0.629*** (1.876)	—
marr	−0.407*** (1.502)	−0.274*** (1.315)	—

续表

	全样本	租赁类	购买类
flo_year	0.073*** (1.076)	0.058*** (1.060)	—
ln_incm	0.618*** (1.856)	0.517*** (1.677)	—
ln_expd	0.748*** (2.113)	0.404*** (1.498)	0.949*** 2.582)
edu	—	−0.166*** (0.847)	−0.302*** (0.740)
Constant	−11.289***	−7.390***	−3.809*
LL	−2130.027	−1667.418	−226.212
R	0.166	0.135	0.041
N	3590	2608	982

注：***、*分别表示在1%和10%水平上显著，小括号内为优势比。LL为对数似然值，R为广义决定系数，N为样本数。

运用Omnibus Tests of Model Coefficients进行模型系数的综合检验，得到三个模型的p值都小于0.05，即模型整体有统计意义。通过Hosmer and Lemeshow Test检验模型的拟合优度，得到三个模型的p值均大于0.05，可知数据中的信息被充分提取，模型的拟合情况好。用稳健标准误进行检验，对β的估计是一致的，可知模型设定正确。另外，由于"y=1"发生的概率很小（只有4.4%），对模型进行了稀有事件偏差检验。使用补对数—对数模型（King & Zeng，2001）估计出来的边际效应与Logistic模型十分接近，可知不存在明显的稀有事件偏差。

三个方程分别使用了全样本、租赁类住房样本和购买类住房样本，具有显著性的影响因素在各公式中有所差别。首先，探讨本研究最为关心的保障房对居留意愿的影响。在全样本公式中，保障房（ph）的回归系数显著为正，这说明住在保障房中的居民的居留意愿明显强于住在非保障房中的居民，保障房的供给对流动人口的居留意愿具有显著的促进作用。其次，再将住房属性分为租赁类与购买类两种类别来看，租赁类住房公式中，保障房的回归系数仍然显著为正，且公租房住户的长期居留意愿是租住私房住户的12.667倍，可见租赁类保障房的供给对流动人口的居留意愿起到了非常积极的影响；而购买类住房中，保障房变量并不显著。相比目前市场还不够完善的租赁私人住房市场，由政府提供的公租房不仅在使用权和规范性上给住户带来更多的安全性，租金的优惠与稳定性也给住户带来安居的体验，因此，居住在公租房中的流动人口更倾向于在流入城市长期定居。最后，与全样本公式相比，租赁类公式的回归系数中，只有保障房的权重增加，而其他共有的影响因素的权重都减小，且权重差异很大。由此可知，是否居住在公租房在流动人口选择是否在重庆市长期居留的决策中起到了关键性的作用。

再来观察其他的影响因素，包括户口、婚姻状态、教育程度、流动时间以及家庭收入与支出。流动范围和年龄在所有模型中都不显著，因此未显示回归结果。在全样本和租赁类住房公式中，户口、婚姻状态、流动时间以及家庭收入与支出的回归系数符号一致。其中，户口（hk）的回归系数显著为负，这说明已获得居民户口的流动人口居留意愿更强。流动人口要申请重庆市居民户口，需要购买商品房或者务工经商并参加社保达到一定年限，因此申请到居民户口并不容易，一旦申请到自然会促使住户抱有长期居留的打算。婚姻状态（marr）的回归系数显著为负，这说明已婚状态的流动人口更倾向于在重庆长期居留。未婚状态的人群流动成本更低，决策程序更简单，更容易更换居留地点。流入时间（flo_year）的回归系数显著为正，这说明随着流入时间的增长，流动人口的居留意愿也在增强。家庭收入（ln_incm）与家庭支出（ln_expd）的回归系数都显著为正，重庆市的流动人口中，经济状况越好的家庭越愿意长期居留。在全样本公式中，家庭支出的系数大于家庭收入，而租赁类住房公式中，家庭收入的系数大于家庭支出，可见相较而言，租赁类住户在决定是否长期居留时更看重家庭收入情况。另外，在租赁类住房公式中，教育程度（edu）也表现出显著影响，其回归系数为负，说明在重庆市，教育程度越低的流动人口越倾向于长期居留，对于学历更高的流动相对缺乏吸引力。

综上所述，总体来说保障房供给对流动人口的居留意愿具有显著的作用，尤其是在租赁类住房中，公租房对居留意愿体现出更强的促进作用。具有居民户口，已婚姻状态、流动时间长以及家庭经济状况好，都有利于流动人口产生长期居留意愿；而教育程度越高则越倾向于流动。

5.5.3 保障房供给的消费效应检验

低技能劳动力流入城市是对城市劳动生产率的重要补充（Lucas，2004）。以中低收入者为主的流动人口也是我国拉动消费需求的主力军。从长远来看，保障房供给还是要考虑其经济效应。尤其是作为实施主体的地方政府，在考虑保障房供给政策是否要坚持下去的时候，关键要看这个政策能否促进地方经济的发展。保障房供给能拉动内需，促进居民消费吗？基于微观层面，本节将定量分析公租房是否促进了消费。

公租房对消费的直接促进作用主要体现在两个方面：一是公租房建设可以促进建筑、钢材、水泥等相关行业的消费。在房地产行业低迷时期，以政府为主体的公租房建设可以带动产业链条上各相关行业的需求（王国军和刘水杏，2004）。二是公租房带来的居住成本的降低，和居住稳定性的提高，可以刺激住户以改善生活质量为目的的消费。已有研究发现社会保障可促进城镇居民消费，并通过乘数效应影响短期经济增长（张继海，2006；尹阳娜，2006）。住房保障是社会保障的一种主要形式，本节从微观的视角，考察后一种作用，通过公租房租户和私人住房租户的消费比较，考察住房性质对居民消费的影响。

1. 理论推导

凯恩斯消费理论认为总消费是总收入的函数，并且边际消费倾向递减。

由于凯恩斯消费函数仅仅用收入来解释消费，也被称为绝对收入假说。杜森贝利反对凯恩斯的观点，他提出消费并不取决于现期绝对收入水平，而是取决于相对收入水平，即相对于其他人的收入水平和相对于本人历史最高的收入水平，因此消费受到"示范效应"和"消费习惯"的影响。弗里德曼提出了永久收入的消费理论（高鸿业，2010），基本观点是消费者的消费支出主要不是由他的现期收入决定，而是由他的永久收入决定。就是说，理想的消费者不止根据现期的暂时性收入，还会根据长期中能保持的收入水平即永久收入水平来做出消费决策。这一理论将人们的收入分为暂时性收入和持久性收入，并认为消费是持久性收入的稳定的函数。短期中，人们的消费函数受到暂时性收入的影响而出现波动，长期中，消费函数受到永久性收入的影响而保持稳定。考虑到人们生命周期的不同阶段，莫迪利安尼提出生命周期消费理论，他认为人们在较长时间范围内计划生活消费开支，以达到在整个生命周期内消费的最佳配置，因此也成为终身收入消费理论。

消费具有替代效应，即当消费预算一定时，人们增加一种商品的消费，就会减少至少一种其他商品的消费。消费也具有收入效应，即当消费预算增加时，人们对所有商品的消费都可能增加。消费符合边际效用递减法则，即一种产品的效用会随着消费数量的增加而递减，其效用曲线为越往上越平缓的弧线。

设 FE_i（$i=0$，1，2，$\cdots K$）为居民在各期的消费，FI_i（$i=0$，1，2，$\cdots K$）为各期的收入（假设收入稳定）。设 δ 为保障房对未来预期收入的影响参数，即保障房将减少居民的预期住房支出，相当于反向增加了居民的预期收入。假设保障房居民一生消费其全部收入，其面临的预算约束为：

$$FE_0 + \sum_{i=1}^{K} \frac{FE_i}{(1+r)^i} = FI_0 + \sum_{i=1}^{K} \frac{(1+\delta)FI_i}{(1+r)^i} \tag{5-3}$$

假设其效用函数 $U(FE_0, FE_1, FE_2, \cdots FE_K)$ 是良好性状的，居民偏好稳定的消费束且各期收入相等，都等于 FI_0，计算保障房居民在预算约束下的最大化效用，得到当期支出为：

$$FE_0 = \frac{\delta+1}{K+1} \sum_{i=0}^{K} \frac{1}{(1+r)^i} FI_0 \qquad （5-4）$$

K为大于零的常数，利率r为取值范围在0到1之间的外生变量，可见，保障房影响因子δ对当期消费产生正向的影响，能反映出保障房通过增加居民预期收入进而刺激消费这个重要关系。

2. 样本与变量说明

采用国家卫计委发布的2014年重庆市流动人口动态监测调查数据，从中筛选出现住房属性为"政府提供公租房"的样本，代表在保障性住房中居住的流动人口。对照组的选择为"租住私房"样本，代表在商品房中居住的流动人口。同样，为了保障样本的可比性，将作为对照组的租住私房的流动人口样本也限定在主城九区范围内，并且剔除收入超出公租房住户收入阈值的样本。变量及其简单描述统计见表5-5。

变量及其描述统计　　　　　　　　　　　　表5-5

Var	House	N	.Mean	Minimum	Maximum	Std. Deviation	Std. Error Mean
famincom	政府提供公租房	123	4991.46	2000	10000	1723.068	155.364
	租住私房	2436	5142.36	2000	10000	1986.057	40.240
famexpd	政府提供公租房	123	3498.13	1100	7800	1226.091	110.553
	租住私房	2436	2785.33	300	10000	1155.784	23.417
foodcost	政府提供公租房	123	1687.48	400	4000	784.043	70.695
	租住私房	2436	1272.58	100	6000	682.448	13.827
rent	政府提供公租房	123	509.67	100	800	91.905	8.287
	租住私房	2436	765.23	60	5500	492.763	9.984

根据重庆市2014年的样本显示，居住在公租房与私人租房中的流动人口家庭收入（famincom）相近，都接近于每月5000元。租住私人住房的流动人口家庭收入略高，而家庭之间的收入差距则相对更大。从家庭支出（famexpd）来看，则情况相反。居住在公租房中的流动人口家庭支出远大于租住私人住房的流动人口家庭，超出700元每月。再看食物支出（foodcost）与住房支出（rent）这两个基本支出类别，其中居住在公租房中的流动人口家庭其住房支出约占租住私人住房的流动人口家庭住房支出的三分之二，这个差额即为重庆市政府提供公租房给与居民的租金优惠；同时可见，居住在公租房中的流动人口家庭在比租住私人住房的流动人口家庭，在食物上支出更多。

3. 公租房供给对消费的影响

首先进行Pearson相关性检验，结果显示是否居住保障房与家庭收入相关性不显著，但与家庭支出显著相关，而家庭消费与是否居住保障房和家庭收入两者都显著相关（表5-6）。

Pearson 相关性检验 表5-6

		ph	famincm	famexpd
ph	Pearson Correlation	1	−.016	.130**
	Sig.（2-tailed）	—	.408	.000
	N	2559	2559	2559
famincm	Pearson Correlation	−.016	1	.648**
	Sig.（2-tailed）	.408	—	.000
	N	2559	2559	2559
famexpd	Pearson Correlation	.130**	.648**	1
	Sig.（2-tailed）	.000	.000	—
	N	2559	2559	2559

注：**. Correlation is significant at the 0.01 level（2-tailed）.

继而通过独立样本t检验，观察租住政府公租房和租住私房的流动人口在消费上是否具有显著差异。除检验家庭总支出以外，除去住房支出的家庭支出（except_rent）以及除去住房和食物支出以外的家庭支出（except_rent_food）也将列入检验范围。在变量简单描述表（表5-5）中已经可以看到，公租房住户享有政策优惠，因此减去住房支出的家庭支出更客观地反映出租住政府公租房和租住私房的流动人口在消费上的差异。而同时除去住房和食物支出的家庭支出，则反映出流动人口家庭在满足最基本的吃住需求后，额外的消费情况。在5%的显著水平下，t检验结果见表5-7。

检验结果显示P值＜0.05，拒绝原假设，也就是说重庆市租住政府公租房和租住私房的流动人口在消费上具有显著差异，租住政府公租房的流动人口消费大于租住私房的流动人口具有统计学意义。

根据理论推导构建模型如下：

$$FE_i = \beta_0 + (1 + \delta \times ph) \times \beta_1 \times FI_i \qquad (5-5)$$

其中，FE_i表示第i个家庭的支出，FI_i表示第i个家庭的收入，哑变量ph代表家庭是否居住政府提供的公租房。δ为公租房对未来预期收入的影响参数。

将模型转化为线性函数得到：

$$FE_i = \beta_0 + \beta_1 \times FI_i + \delta \times \beta_1 \times ph \times FI_i \qquad (5-6)$$

分别用家庭总支出（famexpd）、除住房支出以外的家庭支出（ex_rent_expd）以及非基础消费总支出（ex_rent_food_expd）作为被解释变量对方程（5-6）进行回归，拟合结果见表5-8。

计算可得公租房对未来预期收入的影响参数δ为正，可见公租房减少了居民在住房上的预期支出，相当于反向增加了居民的预期收入，从而对消费产生正向影响。

表5-7

样本独立性检验

		Levene's Test for Equality of Variances		t-test for Equality of Means						95% Confidence Interval of the Difference	
		F	Sig.	t	df	Sig. (2-tailed)	Mean Difference	Std. Error Difference		Lower	Upper
famexpd	Equal variances assumed	1.751	.186	6.654	2557	.000	712.800	107.131		502.727	922.872
	Equal variances not assumed			6.308	133.180	.000	712.800	113.006		489.281	936.318
ex_rent_expd	Equal variances assumed	9.624	.002	10.328	2557	.000	968.36530	93.76021		784.51165	1152.21896
	Equal variances not assumed			8.744	130.659	.000	968.36530	110.74512		749.27972	1187.45089
ex_rent_food_expd	Equal variances assumed	9.101	.003	9.408	2557	.000	553.46773	58.82835		438.11167	668.82379
	Equal variances not assumed			8.026	130.811	.000	553.46773	68.95522		417.05601	689.87945

公租房供给影响消费的回归结果 表5-8

	dependent		
	famexpd	ex_rent_expd	ex_rent_food_expd
famincom	0.380*** (0.009)	0.296*** (0.008)	0.118*** (0.006)
ph* famincom	0.137*** (0.015)	0.188*** (0.014)	0.107*** (0.010)
δ	0.36	0.63	0.91
R^2	0.437	0.371	0.170
F	992.123	754.770	261.961
N	2557	2557	2557

注：*** 表示在1%水平上显著，小括号内为标准误。R^2为拟合优度，F为方差检验，N为样本数。

5.6 小结

这一章基于市民化与内需融合的框架，从市民化的视角考察了保障房供给与城市包容性增长的关系，探索了保障房供给落实流动人口市民化的效应。

在前一章实证检验结果与文献共被引分析的基础上，选择重庆市作为案例分析的对象。通过多阶段实地调研与访谈，深入考察了重庆市在公租房项目建设与管理上的探索，以及为解决快速城市化过程中流动人口的住房难题提供的经验。重庆市通过大规模公租房供给，为流入城市的就业人口提供了居住空间，也成为产业发展的助推器。通过案例分析，提出保障房供给对流动人口具有融入效应与消费效应。

保障房成为流动人口获取城市公共服务的依托。流动人口借助保障房获得的公共服务，为其融入城市环境享受市民化待遇和平等获得城市经济增长的收益提供有力的支撑。当流动人口不再"被迫流动"时，对流入城市产生归属感和认同感，从而减少潜在的社会冲突。保障房供给不仅改善城市流动人口的生活条件，城市原有居民能在城市发展中分享到更多的收益，从而使得保障房供给对城市包容性增长产生持续的推动力。

保障房供给为流动人口营造了定居型消费环境。保障房供给对流动人口产生了长期稳居住的预期，从而改变其临时性的消费方式。人口的规模效应在保障房社区内部创造了大量的生活需求，需求带动了就业，更弹性的就业机会保证了流动人口的生活来源，从而激励了消费，在系统内部形成需求—就业—消费的良性循环，不仅促进了社会稳定，也增强了城市经济活力。

最后通过构建回归模型，采用重庆市流动人口动态监测调查数据，对保障房供给的融入效应与消费效应进行了检验，验证了经验分析得到的结果。接下来的一章将基于以上研究结果，探讨保障房供给对城市包容性增长的传导机制。

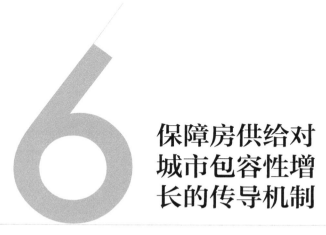

6

保障房供给对
城市包容性增
长的传导机制

前两部分的实证研究分别从拉动城市内需与流动人口市民化的视角，检验了保障房供给对城市包容性增长的效应，接下来将这两者融合到一个框架中探索保障房供给对城市包容性增长的传导机制。毋庸置疑，城市的社会经济系统是一个复杂动态系统，保障房供给对建设用地、住房市场、流动人口、产业发展等一系列因素都会产生直接或间接的影响，而且这些因素在城市这个复杂系统中，又必然会相互影响，从而形成错综复杂的网络。系统环境的复杂性给政策制定带来了困难，引入基于网络结构的研究方法是非常有帮助的。接下来，将基于前两章的实证研究结果，着手开展整体的动态均衡模型构建，从而观察保障房供给对城市包容性增长的传导机制，为保障房供给政策制定提供科学依据。

6.1
引言

在接下来对传导机制的研究中将引入复杂系统论的研究方法，因此首先对该方法论进行简要的阐述，说明引入该方法的思路。伴随科技的进步和数字时代的到来，城市发展研究领域不断萌生出新的研究方向，城市研究的方法论也出现代代更替。基于复杂性科学理念，集成定性与定量的综合性研究方法将为城市发展研究开辟一个崭新领域。系统论在城市科学中的运用虽尚未成熟，但具有明朗的前景。

20世纪80年代，系统论发展到了以主体能动性为核心的复杂适应论，摆脱了前两代系统论无法解释系统突变与主体简化的缺陷，契合了钱学森提出的开放的复杂巨系统理论。城市是一个典型的开放复杂巨系统，包括经济、社会、政治、文化在内的人文系统以及地理、生态、环境在内的自然系统。从而，在复杂系统理论及其方法论指导下，出现了智慧城市、生态城市、韧性城市（Dooling & Simon，2016）等新型城市发展模式，以及城市形态与城市空间结构优化等影响城市发展战略方向的命题（方创琳等，2011）。

基于复杂系统理论及其方法论，探索宜居、包容、韧性和可持续的城市发展路径，将成为未来较长一段时间里城市研究的主要发展趋势。其中的包容城市起源于雅各布斯（Jacobs，1961），她从规划的视角阐述了社会关系与功能的多样性对城市发展的重要意义。在她的启发下，学界对于包容性理论（世界银行，2019）的探讨，通常是基于城市可持续发展的愿景下展开（Arman et al.，2009；吴志强等，2015）。从经济、社会、生态等各个视角，考察城市发展的包容性，也日益成为一个重要的研究方向。

以往城市规划者和政策制定者普遍遵循的科学方法是不断试错与迭代，但是这样的实验改进方法最终并不一定能导向最有效的政策效率。政策的惯性和政策效果的滞后性给这种方法增加了难度。而且，社会系统通常是不可逆的，因此一个错误的政策一旦被执行，系统中的某些特征可能会被改变，由此带来的影响可能会需要付出巨大的社会成本（李旭，2009）。怎样才能从整体上研究一个复杂系统并抓住核心要素，而不是被系统固有的复杂性困扰呢？系统动力学就是研究复杂系统的有效工具。在目标清晰的条件下，该方法能更为高效地试错并迅速找到那个最合适的政策。

20世纪60年代，为了研究波士顿城市衰退的原因并制定有效的复兴政策，应用系统动力学（System Dynamics，简写为SD）方法构建的城市模型（UrbanDynamics）（Forrester，1969）对新策略的应用做出了重要尝试。随后拓展的世界模型（Forrester，1971），再到划时代的著作《增长的极限》（Meadows et al.，1972），系统动力学在公共管理问题的研究中已经历了很长的历史。虽然系统动力学的研究方法已经成功应用到了许多公共管理领域（Mashayekhi，1998；Zagonel et al.，2004；Ghaffarzadegan，2008），但在帮助政府制定公共政策上的潜力还有待进一步开发（王其藩和李旭，2004）。

目前，政策制定者对仿真模型的关注有所增加，这为系统动力学模型的发挥其优势创造了机会。强大而精简的模型可以传达出模型仿真实验中最核心的观点，而复杂且大体量的模型更适合探讨模型的边界和集聚程度（Ghaffarzadegan et al.，2010）。

本章将以定性分析为先导、定量分析为支持，从城市发展系统内部的机制和微观结构入手，构建 SD 模型，借助计算机模拟技术来分析保障房供给影响城市发展的因素与其动态行为的关系。延续前两章的思路和成果，本章将以重庆市为研究对象，采用系统动力学常用的 VensimPLE 软件进行建模。具体技术路线如下：第一步，基于第三章的理论动态模型与研究框架，提取主要关注的核心要素构建概念模型，反映建模的基本思路，简化与抽象现实系统。参照第四章的指标工具箱，选取能反映保障房供给影响城市发展的重要指标的相关变量；第二步，以重庆市为案例，观察系统中涵盖的子系统的现实情况，进而依据现实世界反映的因果关系和第五章检验得到的因果链，描绘各子系统的因果关系图用以理清系统要素之间的逻辑关系；第三步，在子系统因果关系图的基础上进一步区分变量性质，明确系统的反馈形式和控制规律，借助 VensimPLE 软件刻画整体系统流图；第四步，在系统流图中输入重庆市的数据进行测试，观察与现实数据的拟合情况，并通过证伪性模型测试，发现模型中潜在的问题并给予优化。第五步，进行情景模拟，利用仿真实验手段先验不同政策导向下的系统变化，寻找对政策敏感的变量，为政策创新提供科学依据。

6.2
城市包容性增长系统概念模型

6.2.1 模型构建目的

首先要说明的是，构建城市包容性增长系统（以下简称城市系统）的目的不是对未来保障房供给和城市发展的预测，而是探索与揭示保障房供给政

策对城市系统产生影响的作用机制并寻求解决潜在危机的关键策略。基于迪
帕斯奎尔和惠顿（Dipasquale & Wheaton，1996）三部门城市经济增长理论和
福里斯特（Forrester，1969）的城市模型，构建了保障房供给影响城市包容
性增长的概念模型（图6-1）。此模型的基本逻辑是，首先将城市系统简化为
人口、企业和住房三个子系统，这三个子系统的合力决定了城市包容性增长
状态。在此基础上，加入了保障房供给政策模块。对保障房供给的研究中反
复强调了地方政府所面临的自然资源和社会资源约束，毋庸置疑，建设用地
约束是影响保障房供给政策制定和实施的重要影响因素。此外，城市政府是
保障房建设和运营的实施主体，在供给方面具有充分的主动权，因此保障房
政策的制定必然要在城市发展战略的框架内，政策的方向也反映出城市的定
位。由此，本章将城市发展战略引入这个模型，成为保障房政策制定的一个
约束条件。在该模型中，城市发展战略包括以人口为主要衡量指标的城市人
口控制策略和引导城市住房结构变化的城市住房保障策略。该模型将作为保
障房供给影响城市包容性增长的仿真模拟实验室，以城市人口控制策略和城
市住房保障策略作为调控要素，模拟不同城市人口控制策略和城市住房保障
策略组合下的城市系统运行状态。

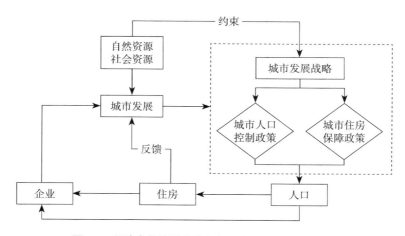

图 6-1 保障房供给影响城市包容性增长的概念模型

6.2.2 系统模型边界

　　系统模型构建是对真实世界的刻画，因此系统边界的设定即是将要研究的系统要素从环境中剥离出来，并且能在系统内部形成物质、能量、信息交换的闭合的反馈回路（王其藩，2009）。在社会系统动力学中，边界的设定尤为重要（李旭，2009）。合理的边界设计，既能全面地反映研究内容，又不会因为过于宽泛而丧失针对性。

　　本书研究保障房供给政策导向下的城市包容性增长，重点考察系统中城市战略变量对住房和人口的作用效果与作用机制。而经济系统是城市经济增长不可或缺的部分，并且与住房和人口系统密切相关，因此纳入企业变量来反映经济系统的变化。该系统只考虑单个城市内部的变化，假设外部环境对城市的物质和信息交换不改变城市内部结构，划定在系统边界之外。

6.3
城市包容性增长模型因果关系

6.3.1 整体系统简化因果关系图

　　构建城市这样一个开放的复杂巨系统的发展模型不是一项简单的任务。城市包罗万象，需要从千千万万的城市要素中提炼出决定城市发展的核心要素设置子系统，又要梳理各子系统间的互动机制，没有足够的经验与基础是无法完成的。幸而，本章节采用的系统动力学研究方法，正是起源于美国波士顿城市发展的系统构建。具备如此扎实的研究基础，笔者才有了撰写本章节的信心。在简化的城市发展模型（王其藩，2009；Ghaffarzadegan et al.，2010）基础上，拓展了保障房模块，构建了保障房供给影响城市包容性增长的模型系统。该系统包括三个子系统：人口子系统、经济子系统与住房系统。其中，经济子系统用企业来表征，经济发展越好越活跃，则企业数量越多。三个子系统之间通过关联变量形成互动：人口子系统与住房子系统之间通过反映居住条件的变量关联；人口子系统与经济子系统之间通过反映就业情况的变量关联；经济子系统与住房子系统之间通过反映土地占用的变量关联。

三个子系统构成的整体模型刻画了一个能够完整描绘城市发展的框架（图6-2）。在这个简化的城市系统模型中，三个子系统联系非常紧密，既相互依赖也相互制约。如果这三个子系统在城市整体系统内部互相符合，那么这个城市就处于平衡状态。在平衡状态下，城市是稳定的并且没有增长的。若发生供给导致的城市增长时，产出的商品和服务的价格会降低，数量会增加，劳动力的工资标准会缩减，就业会增加；房地产需求会增长，使得租金增长。

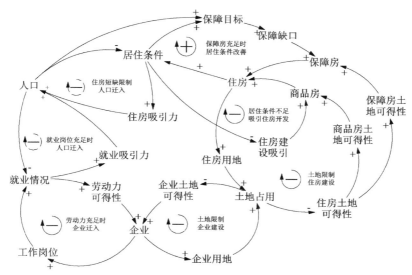

图 6-2　简化的城市系统整体因果关系图

根据经济增长乘数理论，城市总产出的需求首先依赖于城市输出的需求。图中经济子系统代表了产出市场。从短期角度来看，输出商品（包括产品和服务）的销售将取决于其他城市或区域输出同样商品的价格变化。因此，包括输出产品和服务的城市总产出需求是当地产品和服务价格的减函数。这里假设房地产和劳动力之间不存在替代作用，因此，对于任何单位的产出，都需要固定数量的房地产和劳动力，企业的单位产出成本就是使用房地产和劳动力每年的成本，即租金和工资标准。这两个要素在城市间的差别会使当地生产成本有较大的差异。从供给方面来看，劳动力价格和房地产租金决定了产出成本，因此也就决定了一个城市的产出水平。

如图6-2所示，系统中的关键要素间的相互作用形成了影响城市包容性增长的多条反馈机制，接下来将分解到三个子系统进行逐个分析。

6.3.2 人口子系统因果关系

人口子系统分解如图6-3所示，其中包括两条重要的反馈环：一是刻画人口与住房的关系。人口增长，则居住拥挤程度增加，城市居住条件变差会降低对人口的吸引力，从而回过头来减少人口增加。二是刻画人口与企业的关系。人口增长，则对工作岗位的竞争变得激烈，城市就业情况变困难会降低对人口的吸引力，因此同样会对人口增长产生负效应。

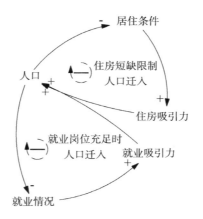

图6-3 人口子系统因果关系图

6.3.3 经济子系统因果关系

经济子系统分解如图6-4所示，其中包括两条重要的反馈环：一是刻画企业与劳动力的关系。企业增加则提供的工作岗位增加，也意味着对劳动力有更多的需求。若劳动力数量没有增长，则企业对劳动力的需求得不到满足，反过来会抑制企业增长。二是刻画企业与土地的关系。企业增加则建造企业所需的建设用地也增加，由于建设用地的稀缺性，企业建设要获得土地难度会逐步增加，从而限制企业增加。

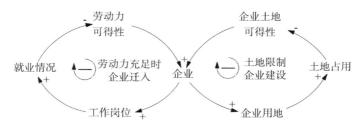

图 6-4 经济子系统因果关系图

6.3.4 住房子系统因果关系

住房子系统分解如图6-5所示，由于保障房是我们重点关心的一个变量，因此，在住房子系统里，将住房总量分解为商品房和保障房两类，住房总量等于两者之和。该子系统中包括3条重要的反馈环：一是刻画住房与人口的关系。正如前面人口子系统中描述的，人口增长使居住空间变得拥挤，居住条件不足则引发新的住房建设，从而增加住房数量改善居住条件。二是刻画住房与企业的关系。住房建设与企业建设都要占用土地，在用地方面两者有竞争性。并且，由于建设用地的稀缺性和不可再生性，住房用地与企业用地都不可能无限制增加。随着住房与企业已占用的建设用地越来越多，要获得新建住房所需的建设用地则越来越难，从而限制住房建设的增加。三是刻画保障房与居住条件的关系。居住条件的逐年提高，使得住房保障的水平

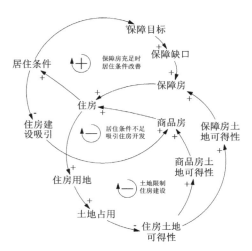

图 6-5　住房子系统因果关系图

也随之提升，保障房的建设也相应增加，从而增加的住房总量进一步改善居住条件，形成一个正反馈的结构。

6.4 系统动力学模型流图

6.4.1 系统变量设置

系统中所包含的变量见表6-1。

系统变量 　　　　　　　　　　　　　　　　　　表6-1

子系统	变量	英文名称	缩写
人口子系统	人口	Population	POP
	净出生	Net Births	NB
	净出生率	Net Birth Rate	NBR
	人口迁出	Population Outmigration	PO
	人口迁出率	Population Outmigration Rate	POR

子系统	变量	英文名称	缩写
人口子系统	人口迁入	Population Immigration	PI
	人口迁入率	Population Immigration Rate	PIR
	劳动力比率	Labor Participation Fraction	LPF
经济子系统	企业	Business Structures	BS
	企业迁出	Business Outmigration	BO
	企业迁出率	Business Outmigration Rate	BOR
	企业迁入	Business Immigration	BI
	企业迁入率	Business Immigration Rate	BIR
	劳动力可得因子	Labor Force Availability	LFA
	工作岗位	Jobs	JOB
	企业平均工作岗位	Jobs per Business Structure	JBS
	企业用地	Business Structure Land	BSL
	企业平均占地	Land per Business Structure	LBS
	企业土地可得因子	Land Availability on Business Construction	LABC
住房子系统	住房	Housing	HOU
	保障房	Affordable Housing	AH
	保障房建设	Affordable Housing Construction	AHC
	保障房建设率	Affordable Housing Construction Rate	AHCR
	土地供应强化因子	Land Supply Intensifier	LSI
	保障目标	Goal	GOA
	覆盖率	Coverage Rate	CR
	保障房缺口	Gap	GAP
	商品房	Commercial Housing	CH
	商品房拆毁	Commercial Housing Demolition	CHD
	商品房拆毁率	Commercial Housing Demolition Rate	CHDR
	商品房建设	Commercial Housing Construction	CHC
	商品房建设率	Commercial Housing Construction Rate	CHCR

子系统	变量	英文名称	缩写
住房子系统	商品房土地可得因子	Land Availability on Commercial Housing Construction	LACC
	住房土地可得因子	Land Availability on Housing Construction	LAHC
	保障房土地可得因子	Land Availability on Affordable Housing Construction	LAAC
	住房建设影响因子	Attractiveness on Housing Construction	AOHC
	住房用地	Housing Land	HL
	住房平均占地	Land per House	LH
子系统关联变量	人均住房面积	House per Person	HP
	工作岗位比劳动力	Jobs to Labor Force Ratio	JLFR
	土地占用率	Land Fraction Occupied	LFO
	建设用地	Construction Land	CL
	住房影响因子	Housing Availability on Immigration	HAI
	就业影响因子	Job Availability on Immigration	JAI
城市战略变量	城市人口控制政策	Urban Population Control Policies	UPCP
	城市住房保障政策	Urban Affordable Housing Policies	UAHP

6.4.2 系统流图设计

依据系统的因果关系图，加入以上设置的变量，在VensimPLE中得到系统流图，如图6-6所示。其中，共设有4个状态变量、7个速率变量和36个辅助变量。

6.4.3 关键变量说明

1. 人口

人口为状态变量，代表城市常住人口，即城市中参与城市经济社会发展的实际经常居住在城市的人口。城市常住人口主要包括城市区域中常住本地

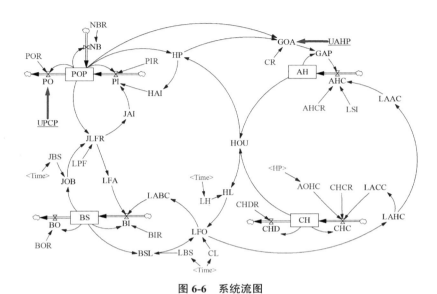

图 6-6 系统流图

的户籍人口或户口在外地但在本地长期居住的人口。本想将此状态变量设计为户籍人口加流动人口，但因为流动人口的数据可获得性差，故不拆分。人口变动的主要原因包括人口出生、死亡、迁入和迁出，因此人口变量的方程式如下：

$$POP = \int_0^T (NB + PI - PO) \, dt + POP_0 \qquad (6-1)$$

其中，POP 为城市的常住人口（包括户籍人口与流动人口），NB 为人口出生速率，PI 为人口迁入速率，PO 为人口迁出速率，POP_0 为初始人口（模拟时的基期人口）。如果城市中人口的迁入速率与迁出速率相等，则该城市视为均衡状态。

2. 企业

企业是经济子系统中的状态变量，代表经济体的数量，包括工业、建筑业、批发零售业、餐饮业等各类城镇中第二和第三产业的独立核算经济个体。这类经济体的数量依据市场情况而变动，以盈利为目标，自负盈亏，可以在城市间自由选择。运营成本低和土地可获得性高的城镇对企业迁入的吸引力大，反之，成本升高则企业迁出。因此，企业变量的方程式如下：

$$BS=\int_0^T (BI-BO)\,dt+BS_0 \tag{6-2}$$

其中，BS 为企业数量，BI 为企业迁入速率，BO 为企业迁出速率，BS_0 为初始企业数量。如果城市中企业的迁入速率与迁出速率相等，则该城市视为均衡状态。企业大量迁入，则城市经济视为发展期；反之，企业大量迁入，城市则进入衰退期。

3. 住房

住房分解为商品房和保障房两类。住房变量主要承担住房子系统与人口子系统和经济子系统间的互动关系，所以设定为辅助变量。住房总量等于商品房与保障房数量之和。方程式如下：

$$HOU=AH+CH \tag{6-3}$$

其中，HOU 为住房数量，AH 为保障房数量，CH 为商品房数量。保障房和商品房数量的变化决定了住房总数量的变化，而两者比例的变动则决定了住房结构的变化。

保障房代表以保障城市中的新增人口即非户籍常住人口的住房条件的保障性住房，设置为状态变量，在住房子系统中作为政策模拟模块。作为政策模拟中新增的模块，假设初始状态为零，在模拟期内，保障房以建设为主，为简化模型忽略拆毁数量。保障房建设的驱动力为住房保障政策，保障房存量与政策设计的保障房目标决定保障房建设数量。因此，保障房变量方程式如下：

$$AH=\int_0^T AHC\,dt \tag{6-4}$$

其中，AH 为保障房数量，AHC 为保障房建设速率。

商品房代表城市中的商品房数量，设置为状态变量。假设在没有保障房政策干预的城市中，住房形式都为商品房。商品房的数量由商品房建设和拆毁的速度共同决定。因此，商品房变量方程式如下：

$$CH=\int_0^T CHC-CHD\ dt+CH_0 \tag{6-5}$$

其中，CH 为商品房数量，CHC 为商品房建设速率，CHD 为商品房拆毁速率，CH_0 为初始商品房数量。随着人们生活水平的提高，对居住条件的要求也逐渐提高，因此商品房的建设速率大于拆毁的速率。

4. 工作岗位比劳动力

工作岗位比劳动力是联动人口子系统与经济子系统的辅助变量，代表城市的就业情况。工作岗位比劳动力的比值越大，说明工作岗位的可得性越大，则吸引更多的人口迁入城市。从企业角度来看，比值越小说明劳动力资源越丰富，则企业迁入的动力越大。工作岗位比劳动力变量的方程式如下：

$$JLFR=JOB/(POP \times LPF) \tag{6-6}$$

其中，$JLFR$ 为工作岗位比劳动力的比值，JOB 为城市中的工作岗位数量，POP 为城市中的常住人口数量，LPF 为劳动力人口占总人口的比例。短期内，由于人口与企业数量的变动，工作岗位比劳动力的比值会出现波动。长期来看，人口与企业都可以在城市间自由地迁入与迁出，所以城市处于均衡状态时，工作岗位与劳动力的比值相对稳定。

5. 土地占用率

土地占用率是联动住房子系统和经济子系统的辅助变量，代表工业用地与居住用地占建设用地的比例。随着人类生产、生活活动的增加，对土地的需求也越来越大。土地是不可再生的，为了确保食物供给，首先得保障耕地安全。因此，随着人口不断增加，建设用地的增长会受到限制。所以，土地占用率是一个限制性的变量，其方程式如下：

$$LFO=(BSL+HL)/CL \tag{6-7}$$

其中，LFO为土地占用率，BSL为工业用地面积，HL为居住用地面积，CL为建设用地面积。土地资源丰富的地区，人口与企业的迁入会带来对工业用地与居住用地的需求，此时建设用地会被大量开发，建设用地的增加可能超过工业用地与居住用地的增长，土地占用率会降低。但随着建设用地的开发量逐渐饱和，新的建设用地的可获得性会受到限制，从而促使土地占用率升高。因此，伴随城市的发展，土地占用率将出现先下降再上升的变化趋势。

6. 人均住房面积

人均住房面积是联动人口子系统和住房子系统的辅助变量，代表城市的居住条件。这是该系统中模拟政策效应所重点关注的指标，决定商品房建设和保障房建设，同时还影响人口的迁入。图6-7展示了系统中与人均住房面积相关的变量及其因果关系。

图6-7　人均住房面积因果分析树

城市人口增长，住房需求增加，则住房数量也随之增长，则人均居住面积增加，居住条件改善。如果人口增长，住房数量不能随之增长，则人均居住面积会减小，居住条件变差就会抑制人口迁入。因此，人均住房面积的方程式如下：

$$HP=HOU/POP \tag{6-8}$$

其中，*HP*为人均住房面积，*HOU*为住房数量，*POP*为人口数量。从人均住房面积的变化，可以判断城市发展阶段（表6-2）。城市发展初期，人口和住房数量都快速增长，人均住房面积也随之增长；城市发展处于稳定期时，人口和住房数量保持稳定，则人均住房面积也保持稳定；城市中的人口越来越多，而住房建设跟不上人口增长速度时，人均住房面积开始下降，城市空间将变得拥挤；而当城市中的就业情况差，人口大量迁出时，住房由于耐久性，不会被随之拆除而是被空置，从而造成人均住房面积增加。要注意的是，这仅仅是个一个较为粗糙的阶段划分，只适合单个城市自身比较。不同城市，即使人均住房面积相同，在住房结构和住房条件等差异下也会处于不同的发展阶段。

城市发展阶段与人均住房面积关系 表6-2

城市发展阶段	人口数量	住房数量	人均住房面积
发展阶段	↗	↗	↗
稳定阶段	→	→	→
危机阶段	↗	→	↘
衰退阶段	↘	→	↗

6.5
情景模拟与模型检验

情景模拟将以重庆市城镇地区为空间边界，以2002—2050年为时间边界。系统中的最小时间单位为1年，因此模拟的时间运行单位设定为0.5年[①]。其中，2002—2017年的历史数据用于参数设计与模型检验，进而模拟2018—2050年的系统变化情景。

---

① 为保证计算准确性及模型意义，时间步长应设定为模型最小时间常数的0.1～0.5倍。

6.5.1 研究区域的参数设定

系统中的外生变量由系统边界之外的因素决定，因此，在城市发展系统中，对于不同的研究区域，对应的外生变量的设置会有所差异。该部分将根据重庆市城镇区域2002—2017年的统计数据，对各子系统中的外生变量进行设定。数据全部来源于各年度的重庆市统计年鉴。

1. 人口子系统参数

重庆市总人口超过3000万，是超大城市之一，其人口的流入和流出数量都很大。由于非城市区域人口大量外出打工，常住人口数量始终少于户籍人口，因此，从行政区划分来看，重庆市是一个人口净流出城市。重庆市常住人口自2005年开始增速加快，2008年起常住人口增速超过户籍人口增速。

但从城市区域来看，重庆市的主城区容纳了700多万流动人口①，是全国流动人口主要居留区域之一。从2010年开始，重庆市的流动人口有显著增长，比2009年增加了100多万，之后保持稳定的持续增长（图6-8）。人口的增长在一定程度上得益于2009年规划、2010年启动建设的公租房项目。流动人口受到就业的吸引进入主城区，主城区建成的大规模的公租房为解决流动人口的居住问题提供了承载空间。可见，与其他学者（毛丰付和王建生，2016）在东部沿海城市发现的规律一致，重庆市保障性住房的增加促进了人口流入。

如图6-9所示，重庆市自然增长率在总体保持稳定的状态下有小幅波动，因此系统中的净出生率 NBR 的检验期的取值为历年人口自然增长率，均值为4‰。

如图6-10所示，重庆市历年15～64岁劳动人口占常住人口的比率基本

———

① 根据《重庆统计年鉴（2017）》数据计算，总流动人口等于市域内流动人口加上外来流动人口。

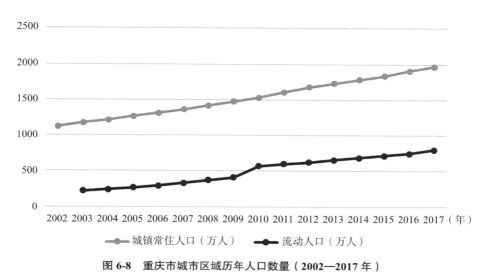

图 6-8 重庆市城市区域历年人口数量（2002—2017 年）

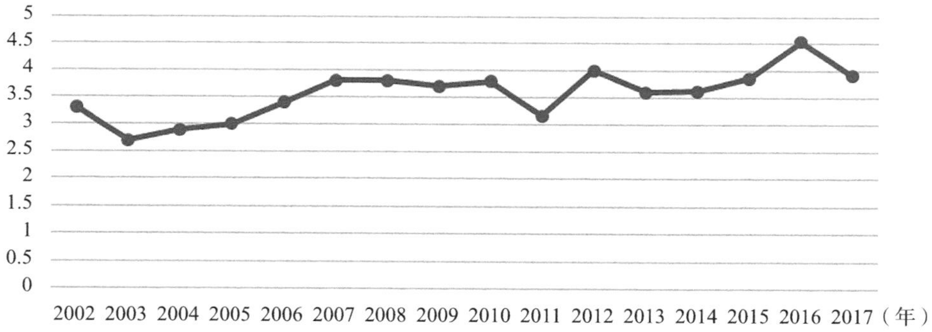

图 6-9 重庆市历年人口自然增长率（2002—2017 年）

数据来源：重庆市统计年鉴

保持在70%，因此检测期的劳动力比率变量 *LPF* 取值设定为70%。研究预测，我国劳动力比率最高峰时期已经过去，预计到2050年，由于不可忽略的老龄化发展趋势，全国劳动力比率将降到约60%。但考虑到城市区域不断新增的人口往往是寻求就业机会的劳动力人口，因此城市的劳动力比率将高于全国平均水平。因此，预测期的劳动力比率保持不变。

从图6-11看，重庆市迁入人口呈现稳定的逐年递增趋势。由于2002年

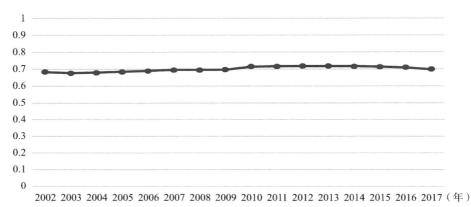

图 6-10　重庆市历年劳动力比率（2002—2017 年）

数据来源：重庆市统计年鉴

■城镇常住人口（万人）　■迁入人口（万人）　—迁入率

图 6-11　重庆市历年人口迁入情况（2002—2017 年）

数据来源：重庆市统计年鉴

的迁入人口缺失，取 2003 年迁入人口与城镇常住人口的比率 0.04，作为系统基期的人口迁入率变量 PIR 的取值。系统运行期内，各年度的迁入人口的数量将由人口总量、人口迁入率、就业影响因子与住房影响因子四个因素决定，在人口总量递增、就业吸引力强的时期，人口迁入的数量也会逐年递增，符合现实变化趋势。假设系统基期城市人口处于均衡状态，即人口迁入与人口迁出数量大致相等，因此基期人口迁出率变量 POR 取值等于基期人口迁出率。

2. 住房子系统

重庆市的居住成本在大城市中处于较低水平，与其他三个直辖市的住房价格有很大差距。重庆市商品住宅价格一直低于全国平均价格，与同作为中西部地区的四川省省会成都市相比，2016年重庆市住宅价格仅相当于成都市的70%。从价格变化趋势线可以看到，2011年以后，重庆市的商品住宅价格波动很小。尤其是2014年以来，全国住宅价格持续上扬，而重庆市的住宅价格仍趋于稳定。

从图6-12看，重庆市住宅总量与住宅竣工面积呈现稳定的逐年递增趋势。住宅增加率在2012年以前虽有上下波动但总体上趋于稳定，而2012年以后则出现较为明显的持续下降趋势。取2003年住宅竣工面积与2002年住宅存量的比值除以影响因子得到0.046，作为系统基期的住宅建设率（包括商品房建设率变量 *CHCR* 与保障房建设率变量 *AHCR*）的取值。系统运行期内，各年度的住宅建设数量将由住房存量、住房建设率、住房建设因子与住

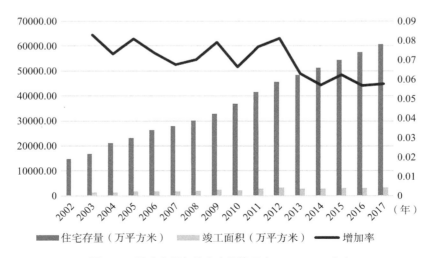

图 6-12　重庆市历年住房建设情况（2002—2017 年）

数据来源：重庆市统计年鉴

房土地可得因子四个因素决定，在住房建设吸引力起到决定性作用时，住房建设会加快，而土地可得因子的限制发挥重要作用时，住房建设会减缓。

商品房拆毁率可根据商品房的使用周期计算，住宅用地使用权出让年限为70年，但我国住宅更新较快，通常不满使用周期已拆除重建，假设商品房平均使用50年，因此商品房拆毁率变量 CHDR 设置为0.02。

住房建设因子 AOHC 代表城市居住条件对开发商建设商品房的影响。居住条件非常恶劣时，居民对改善居住条件的需求很迫切。随着居住面积增大，居民对居住条件的满足度提高，则对改善居住条件的需求减弱，从而开发商建设商品房的积极性变低。因此，住房建设因子设置为随着人均住房面积的增加而递减。建筑技术的进步提高了居住用地的利用率，随着住宅的层高不断增加，住房平均占地减少。因此，住房平均占地变量 LH 设置为在时间轴上递减。住房建设因子与住房平均占地的取值用表函数设定。

3. 经济子系统

重庆是中国老工业基地之一和国家重要的现代制造业基地，现代服务业也发展迅速。随着重庆市的三次产业结构的不断优化，从三产就业比重（图6-13）的调整中可以看到，第二产业逐步夯实基础地位，第三产业则得到了

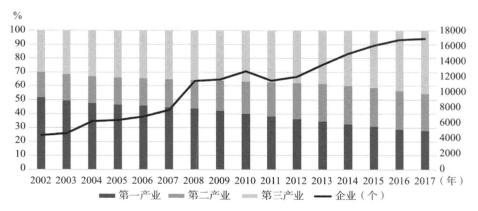

图 6-13　重庆市历年三产就业比重与企业数量（2002—2017 年）

数据来源：重庆市统计年鉴

持续快速发展。

随着产业的调整，重庆市的企业数量不断增长。因此，设置企业迁入率 *BIR* 大于企业迁出率 *BOR*，变量取值分别为 0.04 与 0.023。重庆市以现代服务业为代表的第三产业发展速度较快于以制造业为主的第二产业，因此企业平均工作岗位变量 *JBS* 设置为在时间轴上缓慢递减。同样，依据产业结构调整的现状，企业用地相对较少的第三产业企业数量的增长，将使得企业平均占地 *LBS* 随着时间的推移缓慢递减。

6.5.2　系统整体模拟结果

图 6-14 显示了住房、人口和经济三个子系统从 2002 年到 2050 年的总体变化趋势的基本模拟结果。在模拟期内，住房数量、人口数量与企业数量都持续增长，其中企业与人口的增长率基本稳定，而住房的增长率有明显变化。前期住房增长速度很快，后期住房增长速度大幅度减缓。相应地，人均住房面积在时间轴上经历了 3 个阶段：首先是 2002—2014 年，由于住房数量增长速度超过人口数量增长速度，因此人均住房面积快速提高；然后是

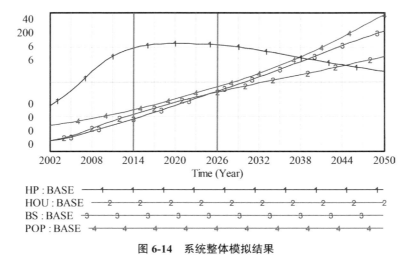

图 6-14　系统整体模拟结果

2014—2026年，住房数量与人口数量的增长速度趋同，使得人均住房面积基本保持稳定；最后是2026—2050年，住房增长速度减缓，虽然住房的绝对数量仍保持增长，但跟不上人口数量的增长，从而得到人均住房面积显著下滑。

其中，2026年人均住房面积开始减少，是居住条件变化的一个重要拐点，暗示着城市化进程中常见的非正规住房现象的萌发。城市中的居民都向往追求更美好的生活，会努力改善居住条件，城市原有居民的住房面积会保持或者增加。因而，城市总体人均住房面积减少的主要贡献者是城市新增人口。进入人口多、房价高的城市工作或学习就意味着在居住空间和环境上的妥协。不仅是低收入人群，即使中等收入人群，比如年轻的研究人员，也很难找到可负担的住房（Woolston，2017）。

6.5.3 模型检验

系统动力学建模的目标偏重于对系统的行为的观察，因此模型检验主要从是否符合建模目的标准来判断模拟结果的正确性与有效性。模型检验过程服务于修正参数设定与改进模型结构，从而使模型可以在应用过程中得到不断的优化。基于这个出发点，该节将对模型进行量纲一致性检验、积分错误检验、参数敏感性检验和模型吻合性检验。

首先，利用Vensim自带的Units Check功能对系统中变量的量纲进行检验，结果显示该模型通过了量纲一致性检验。继而逐步开展以下几项模型检验。

（1）积分误差检验

系统动力学的模型是基于微积分的数学模型，因此积分误差检验目的是检验模型的结果是否对系统运行步长的选择敏感。根据王其藩（2009）研究得到的经验公式，系统运行步长去系统内最小时间单位的0.125～0.5倍为宜，因此该系统的运行步长设定为0.5。为了确定这个步长是否足够小，现将步长降低为0.25（测试组名称为TEXT），比较运行结果是否不同。测试结果如下。

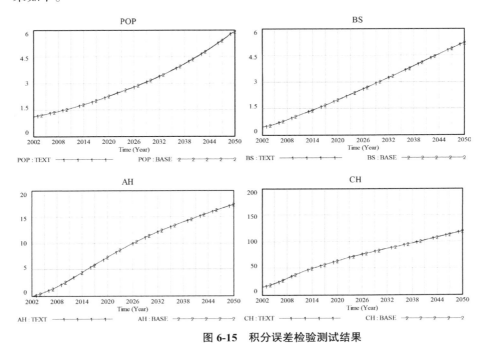

图 6-15　积分误差检验测试结果

如图6-15所示，系统中的所有状态变量对系统运行步长的变化均不敏感，因此系统运行步长通过了积分误差检验。

（2）参数敏感性检验

参数敏感性测试是检验模型中的一个参数发生变化时，其他的变量相应产生的变化是否合理，主要对估计准确度不高的参数进行测试。以下选取人口净出生率和土地强化因子两个参数进行测试。

许多研究预测，中国的人口将在2030年左右达到顶峰，然后将出现负增长。如果重庆市的人口增长符合这个总体发展趋势，人口净出生率将趋向于零，且可能出现负增长。因此，将人口净出生率设置为零进行测试，观察人口与人均住房面积变量的相应变化情况。从图6-16的测试结果可以看到，人口净出生率的降低使得人口总量下降和人均住房面积上升，同时系统模型行为并未发生改变，符合真实系统的情况，所以可以说，模型的运行结果通过了人口净出生率的敏感性测试。

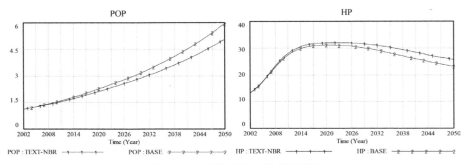

图 6-16　人口净出生率敏感性测试

土地强化因子的含义是政府在土地出让时，会将居住用地优先用于保障房的建设。因此，假设前提是在可供出让的建设用地稀缺时，保障房建设的土地可得性将高于商品房用地的土地可得性。若在现实情况下，保障房建设的优先政策弱化，将改变居住用地的供应结构。因此，将土地强化因子设置为1，即保障房的土地可得性与商品房相同，观察相应的系统行为变化。如图 6-17所示，在失去优先性时，保障房数量将减少，而商品房数量增加。同时，系统模型行为并未发生改变，符合真实系统的情况，所以可以说，模型的运行结果通过了土地强化因子的敏感性测试。

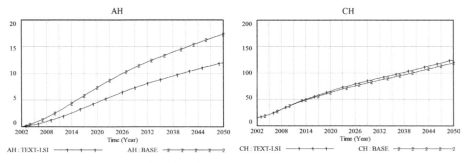

图 6-17　土地强化因子敏感性测试

（3）模型吻合性检验

通过以上几项检验已经可以证实该模型结构的有效性与强壮性，接下来对模型行为吻合性进行检验，用来比较模型所模拟的行为是否与现实相一致。检验期为2002年至2017年，设置每5年为一个模拟结果输出期，与历史统计数据进行比较。

通过模拟数据与历史数据的比较（表6-3），可以看到模型中三个子系统的主要变量误差都远小于5%，可以证明该模型通过了历史数据吻合性检验。

模型吻合性比较结果 表6-3

年份	模拟值			历史值			模拟误差		
	人口（千万人）	企业（万个）	住房（千万平方米）	人口（千万人）	企业（万个）	住房（千万平方米）	人口	企业	住房
2002	1.12	0.444	14.82	1.12	0.444	14.82	0.00	0.00	0.00
2007	1.358	0.772	28.271	1.361	0.772	27.775	0.00	0.00	1.78%
2012	1.654	1.219	46.467	1.678	1.1997	45.587	−1.43%	1.61%	1.93%
2017	2.016	1.687	61.732	1.971	1.6977	60.812	2.28%	0.63%	1.51%

数据来源：模拟值来源于系统运行结果，历史值来源于历年《重庆市统计年鉴》

城市发展如此纷繁复杂，没有一个模型能够把现实细节都模拟出来。该城市发展模型是对重庆城市发展系统的抽象化表现，建模时把现实系统中与所研究的主题不太相关的方面以假设的方式进行了简化。通过量纲一致性检验、积分误差检验、参数敏感性检验和模型吻合性检验，可以判断该模型是有效的，继而开展政策模拟仿真实验。

6.6
促进城市包容性增长的政策仿真实验

毋庸置疑，贫民窟的存在会给城市的经济社会发展带来许多的危害。当政府感受到危害，并企图开始改善时，贫民窟已然维持的生态环境会对政策实施产生自发的抵制作用。世界上许多由来已久的贫民窟已经成为当地城市的顽疾，高密度的人口给城市治理提出了巨大挑战。

有两种主要政策手段，应对可能产生的住房危机。一是从控制人口方面入手，疏导大城市承载的人口数量，削弱资源利用的拥挤程度，引导城市间的合理布局，从而提高城市发展质量。例如，北京的"群租整顿"、深圳的"城中村改造"等，阻止越来越小的面积挤入越来越多的租户的状况，设定了安全居住的最低标准，提升了居住环境，消除了安全隐患。同时，正在探索中的特色小镇建设等规划为人口流向提供了新的思路。近年来，世界上最大的都市圈东京都频繁出台人口政策[①]，引导老年人或年轻创业者迁出东京，以稀释东京都的人口密度。二是从住房保障方面入手，提供更多的可支付住房，改善城市人口尤其是流动人口的居住条件。保障对象依据城市发展战略差异则各有不同，比如重庆模式优先保障外来务工人员，上海模式为高学历、高技能的就业者提供人才房。

接下来，将以重庆市为研究区域，采用城市发展模型对这两种政策措施的实施开展仿真实验，并分析这两种政策作用于城市发展各子系统的实施效果，以及比较两者对城市包容性增长影响。

6.6.1 人口控制政策仿真实验

将城市人口控制政策的测试变量 *UPCP* 作用于迁出人口，其含义为加大人口迁出的政策力度。不论是采用控制手段强制人口迁出，还是采用激励手段引导人口迁出，其政策目的即减少城市中的人口总量。从人均住房面积进

---

① 日本的地方创生计划，把对东京圈的一极集中的纠正作为主题之一，将制定这一极端集中纠正和地方新人潮流的政策目标。其中的人口政策正在不断摸索并普及，目标是在2020年之前实现东京圈迁入者的均衡。参考 https：//news.yahoo.co.jp/byline/kaikaori/20190305-00116981/。

入稳定期（2014年）开始将人口控制政策变量取值设定为1.5（对应UPCP1）和2（对应UPCP2），BASE为政策值取1的对照组，得到如下测试结果。

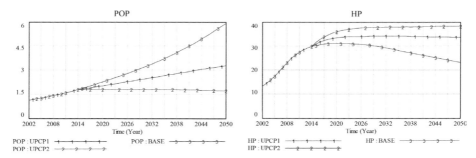

图6-18 城市人口控制政策仿真实验结果1

如图6-18所示，人口控制政策对城市人口总量的减少起到直接的效果。在1.5倍的政策效果下，到2050年城市人口总量减少为对照组的一半。若政策强度提高到2倍，总人口甚至出现下降趋势。相应地，人均住房面积也发生变化，两种政策强度下，人均住房面积都未出现减少的趋势，意味着避开了贫民窟产生的阶段。并且政策强度越大，则人均住房面积进入稳定状态时的面积更大。可见城市人口控制政策的效果是显著的。

然后，控制人口的政策对经济系统造成了负面影响。与对照组相比，企业数量大幅度下降。城市人口控制政策强度高时，经济系统甚至会停滞不前。对企业数量产生关键影响的是工作岗位与劳动力比率，从图6-19上可

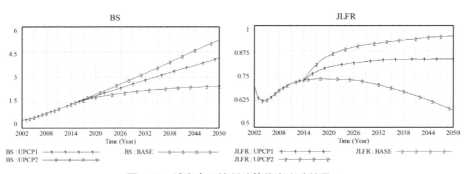

图6-19 城市人口控制政策仿真实验结果2

以看到，政策实施后工作岗位与劳动力比率从原先的下降趋势转变为持续上升，政策强度越大，上升幅度越大。劳动力不足降低了企业迁入的吸引力，从而导致企业数量增长率大幅降低，从这个结果来看，人口控制策略在某种程度上不利于城市包容性增长。

6.6.2 住房保障政策仿真实验

将城市住房保障政策的测试变量 *UAHP* 作用于保障目标，其政策含义是加大住房保障力度，提高保障性住房的建设目标。该政策作用于系统的因果链如图6-20所示。

图 6-20 保障目标的因果分析树

保障目标由人口数量、保障性住房覆盖率、人均住房面积和城市住房保障政策四个因素决定。以上一年度的人均住房面积为保障标准，依据人口数量与保障房覆盖率，可得到当前年度的保障房总量目标。比较保障目标与保障房存量得到保障房数量缺口，作为当年保障房建设数量的依据。用方程式表达为以下联立方程组。

$$\begin{cases} GOA = POP \times CR \times HP_{t-1} \times UAHP \\ GAP = GOA - AH \\ AH = \int AHCd_t \\ AHC = GAP \times AHCR \times LAHC \times LSI \end{cases} \quad (6\text{-}9)$$

其中，*GOA* 为保障目标，*POP* 为人口数量，*CR* 为保障性住房覆盖率，

HP_{t-1} 为上一年度人均住房面积，$UAHP$ 为城市住房保障政策，GAP 为保障缺口，AH 为保障性住房存量，AHC 为保障性住房建设速率，$LAHC$ 为住房用地可得因子，LSI 为土地强化因子。《国家新型城镇化规划（2014—2020年）》制定的目标，到2020年城镇常住人口保障性住房覆盖率超过23%，因此 CR 取值为0.2。各个城市制定各自的住房保障政策，政策力度差异通过保障目标差异作用于保障房建设速度。同时，与商品房建设一样，保障房建设也受制于住房用地的可得性。居住用地稀缺时，保障房建设减慢。但与商品房相比，政府将居住用地优先安排于保障房的建设，因此，土地强化因子设置为2，以体现保障房用地的政策优先性。

从人均住房面积进入稳定期（2014年）开始将住房保障政策变量取值设定为3（对应UAHP1）和5（对应UAHP2），BASE为政策取值为1的对照组。测试结果如下。

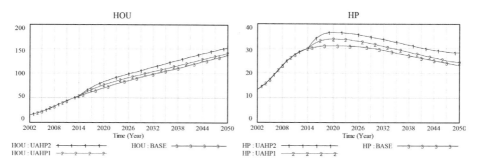

图 6-21　城市住房保障政策仿真实验结果 1

如图 6-21 所示，城市住房保障政策起到了增加住房总量的效果，但增加幅度并不显著。在整个测试期内，两种政策力度的加强引起住房总量的增加比例仅为3%与11%。从人均住房面积的变动趋势来看，虽然由于住房保障政策力度的加强，使得居住条件有所提高，但长期来看，依旧无法避免人均住房面积下降的发展趋势。

通过保障房数量与商品房数量变化比较（图6-22），发现住房总量增长幅度较小的原因，即保障房数量增长加快的代价是商品房数量增长的减慢。保障房建设和商品房建设同时受到居住用地规划的制约，尤其在可开发的居住用地稀缺时，保障房建设与商品房建设在用地可得性上产生竞争。若优先保证保障房建设用地，则加剧了商品房建设土地供给的难度。

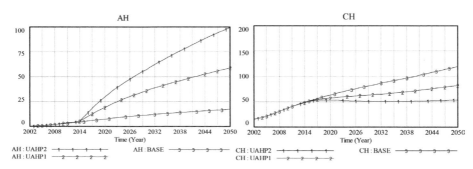

图 6-22　城市住房保障政策仿真实验结果 2

6.6.3　政策组合仿真实验

通过以上两组政策仿真实验结果的比较，已经可以直观地看到城市人口控制政策与城市住房保障政策在实施效果上各有其优劣，并且基于不同的作用机制对城市包容性增长产生不同的影响。现实中，两种政策的差异还包括政策的可行性。城市人口控制政策的实验效果更直接，但在现实中会遇到社会因素的阻碍。从年龄、人力资本、性别等多种分类上考虑引导哪些人口迁出，在具体政策制定和实施中，都会牵扯到政治、伦理以及道德问题，从而受到抵制。正确的政策目标，在错误的实施措施下，往往事与愿违，不仅达不到理想的效果，甚至激化社会矛盾。城市住房保障政策的实验效果不如人口控制政策效果显著，但实际上蕴含着住房结构的变化。保障性住房在住房结构比例中的提高，对于避免住房市场过度商品化，促进住房回归居住属性有重要作用。但也需要考虑到的是，在政府主导的保障房建设模式下，保障房建设速度还受制于政府财政等因素。大量的保障房建设对长期的维护管理带来挑战，因此也可能给住房市场埋下隐患。

　　考虑到结合两种政策的优势，设计城市人口控制政策与城市住房保障政策的组合策略（UPCP+UAHP），其中UPCP取值为1.5，UAHP取值为3，并且从不同的时间点启动组合政策的实施，得到仿真实验结果如下。

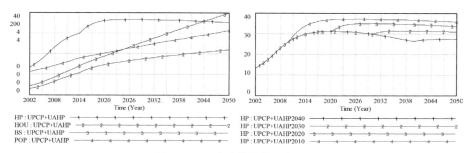

图 6-23　组合政策仿真实验结果

　　如图6-23所示，在组合政策下，人口总量的增长得到了有效的控制，同时经济系统并未受损，而是保持了快速发展。人均住房面积在2030年左右达到最大值以后，也基本保持稳定。显然，组合政策得到的模拟效果优于任何一种政策单独实施的效果，并促使城市系统总体上向均衡状态发展，促进了城市包容性增长。从人均住房面积变化来看，政策干预的启动时间也呈现出显著的效果差异。在人均住房面积开始下降之前开始实施政策干预，才能起到改善居住条件的效果。

6.7
小结

　　这一章基于市民化与内需融合的框架，探讨了保障房供给对城市包容性增长的传导机制，并开展了促进城市包容性增长的政策仿真实验。

　　依据保障房供给对城市包容性增长的影响机理分析，将城市系统解构为经济、住房和人口三个子系统。通过分析三个子系统内部和相互之间的影响，深入观察了城市包容性增长系统的因果关系。其中，人口子系统与住房子系统共同决定的人均居住面积反映了城市系统中的居住状态，居住条件的改善有利于流动人口市民化。经济子系统中的企业数量反映了城市系统中的经济发展状况，企业数量增加有利于产业发展，带来的就业增长也有利于改善城市居民的生活水平。

继而，运用系统动力学构建了城市包容性增长系统模型，在此基础上开展了不同城市发展战略下的政策仿真实验。应对城市住房危机的政策措施包括人口控制政策与住房保障政策，城市发展战略决定政策工具的选择与组合。以重庆市为研究区域，通过对真实系统的模拟，发现人口控制政策与住房保障政策的结合，可更为有效地应对长期趋势下可能出现的城市住房危机，并且促进城市包容性增长。

本章的传导机制研究与仿真实验对我国保障房供给政策的制定与住房体制改革带来了重要的启示：一是人口与住房的均衡，二是商品房与保障房的均衡。在下一章节中，将基于这两个启示，试图提出促进城市包容性增长的保障房供给政策建议。

7

保障房供给促进
城市包容性增长
的政策导向

在解决住房问题方面，除了本书关注的保障房供给，还有不可忽略的市场部分，保障房与商品房组合才能架构出一个完整的住房体系。在前一章中，运用复杂系统思维方式，将保障房纳入住房体系，将住房体系投射到城市系统中，考察了保障房供给对城市包容性增长的传导机制。基于政策模拟仿真实验得到的"住房结构均衡"与"人地均衡"的启示，本章将从整体上优化与完善住房体系的视角，提出保障房供给促进城市包容性增长的政策建议。

7.1
住房结构均衡的保障房供给政策导向

7.1.1 城市住房体系的内部矛盾

当前我国住房体系存在一些不容忽视的内部矛盾，住房体系结构设计目标与实际运行结果出现差异（图7-1）。理想状态下，政府提供保障性住房，而商品房留给市场这只"无形的手"去发挥调节作用。但我国住房体系的现状是保障性住房远不能满足中低收入者的住房需求，中低收入者只好通过市

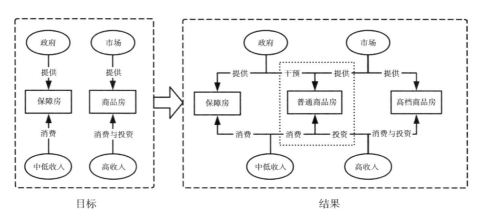

图 7-1　住房体系结构目标与实际差异

场化手段解决居住问题。而中低收入者的消费能力有限，于是政府只好利用宏观调控这只"有形的手"限制商品房的价格上涨。这样的做法也有弊端。具体来看，大体上呈现出三个问题，即保障性住房的覆盖面不足、普通商品住房的价格上涨过快以及高档商品房的需求得不到满足。

1. 保障性住房的覆盖面不足

根据我国的住房供应政策设计，商品房是高收入者购买的，中低收入家庭则购买或租赁政府提供的保障性住房。但1998年住房体制改革以后，相比商品房市场经历的飞速发展，政府主导的保障性住房建设难以望其项背。保障性住房长期供给不足是导致住房体系失衡、房价快速上涨的重要原因（郑玉歆，2014）。尤其是建立在户籍制度基础上的保障性住房政策，无法覆盖城市化进程中大量的农业转移人口。虽然近几年逐步向非城镇户籍人口开放，但仍有相当一部分农业转移人口处于政府保障性住房申请范围之外（董昕，2011）。即使在住房保障政策准入条件内，华东、华中和华南地区的许多城市，其保障性住房供给远远不能满足需求（郑思齐等，2014）。审计发现部分省市虚报保障性安居工程开工或完工量，部分地区的保障性住房的工程质量以次充好[1]。另外，保障房专项资金闲置、分配机制缺陷等许多问题，也越来越多地引起社会的关注。质量、资金、分配等环节的缺陷造成中低收入人群对保障性住房的需求无法得到满足。

2. 普通商品房的价格上涨过快

历年中国统计年鉴数据显示，近30年来，我国商品房的价格从408元/m²不断上涨到7476元/m²，远超物质指数的涨幅。对住房价格将持续上涨的预期，使得房地产市场成为民间资本保值增值的主要渠道[2]。例如，杭州市余

---

[1] 参见2017年审计署发布的《2016年保障性安居工程跟踪审计结果》，http://www.audit.gov.cn/n5/n25/c96999/content.html.

[2] 万科副总裁谭华杰在《从大周期到小周期的前夜——理解中国房地产价格的框架》的报告中提出，中国的房地产市场仍处于持续上涨的大周期阶段，房价易涨难跌。

杭区的未来科技城，由于阿里巴巴集团的淘宝城等多家科技企业的入驻以及完善的配套规划，住房市场活跃。2016年9月份与1月份相比，该区域的商品房成交均价增长了52%，成交套数增长超过200%。住房的主要需求者即淘宝城等科技园区的员工被高房价逐渐挤出，购房比例下降为不到10%，而以投资为目的的外地购房者比例上升到50%~60%。尤其是中小户型的普通商品房，由于市场流动快，成为投资者的首选。有调查结果显示，85%以上需要购房的城市居民家庭无力承担高额的购房费用（陈佳贵等，2010），而外来务工人员在城市中买房的比例仅1.3%（国家统计局，2016），高房价给城市普通居民造成了巨大的生活压力。

3. 高档商品房的需求得不到满足

在住房供应中是否应该为高收入阶层提供别墅、排屋等高档商品房，这是一个颇具争议的问题。有人提出要严格控制别墅等高档商品房的建设，以免少数高收入人群占用大量的稀缺资源，引发弱势群体的不平衡心理，导致社会问题乃至冲突（万勇，2011；吴福象和姜凤珍，2012）。另一种观点则认为，高档商品房的消费者仅限于高收入阶层，因此高档商品房的高房价对其他社会群体带来的负面效应很小（陈超等，2011）。地方政府可以从高档商品房用地的出让收入和以高档商品房为征收对象的物业税或资源占用税中获得公共财政收入，并将其投入社会性基础设施建设，构建以市场机制为根基的福利国家（顾昕，2013）。尽管高收入群体占城市总人口比例不高，但中国人口基数大，由此形成的总需求规模不容小觑。以上海为例，20世纪90年代，别墅类高档商品房的购买主体多为外籍人士、外企高管等。进入21世纪后，更多来自IT、金融、证券等行业以及成功创业的高收入群体开始消费别墅类高档商品房。然而在现有的住房供应体系中，高收入人群对高档住房的潜在需求无法得到满足。

7.1.2 分类引导的住房体系设计

以往政策对社会不同购买力人群以同一标准对待，这样的政策设计不利于保障中低收入阶层对住房的消费需求，又容易助长高收入阶层的投资欲望（陆彩兰等，2014）。因此，将住房结构均衡导向的保障房供给政策纳入到分类引导的住房体系的整体设计思路中，即以住房面积为主要指标，对住房市场进行分类引导，将住房需求预测细化到不同类型，据此制定住房政策。

对于住房存量市场，以住房面积为主要分类指标，参照现行契税征收办法中对商品房面积的划分，将住房分为三大类。第一类为保障性住房，住房面积应控制在 $60m^2$ 及以下；第二类为普通住房，指 $90m^2$ 及以下的商品房；第三类为高档住房，指 $90m^2$ 以上的商品房。第一类保障性住房由政府提供与监管，后两类商品房由市场机制发挥主导作用。对于住房增量市场，在制定居住用地出让总量的基础上，对高中低收入人群的购房需求进行科学预测。划定用于保障性住房、普通住房、改善性住房和高档住房的用地比例，按比例实施居住用地出让。

1. 保障性住房：严控属性，落实回购

政府对保障性住房的面积缺乏引导，将导致住房保障政策的失效。而且，保障性住房的面积大小，还对我国的商品房住宅建设起到很大的引导作用。因此，在对保障性住房的设计审查时，必须严格限定其建筑面积，一般控制在 $60m^2$ 及以下。面积的严格限制，可在以下三个方面有助于保障性住房政策的实施。首先，小面积的住房更符合中低收入家庭的支付能力，使得中低收入家庭"申得上，住得起"。其次，高收入者的偏好是大面积的住房，因此中小套型的设计可防止高收入人群占用保障性住房资源。最后，在政府对保障性住房的投入有限时，更小的单位面积意味着能提供更多的住房数量。因此，中小套型有利于确保保障性住房的公共品属性。同时，减少中低收入家庭在住房支出上的负担，能拉动其他消费性支出，有利于扩大内需。

我国的经济适用住房政策还缺乏退出机制。当原来享用经济适用住房的家庭想重新购买普通商品房时，目前我国的政策设计中没有退出要求。也就是说，已经拥有经济适用住房的家庭，同样可以拥有普通商品房，甚至高档商品房（如排屋、别墅）。因此，经济适用住房在很多情况下成为"权力福利"。更不合理的政策在于，经济适用住房象征性地补交土地出让金后，可以进入市场，与普通商品房具有同等的性质，这违背了政策设计的初衷。因此提出如下建议，经济适用住房没有退出前，不能购买商品房。现已同时拥有经济适用住房和商品住房的，政府对其拥有的经济适用住房进行回购。主动退出经济适用住房的，需在政府机构登记，不得自行在市场上出售。政府回购后的住房重新投入分配，以实现保障性住房的循环利用。政策的实施需要法律法规的保障，才能真正使得保障性住房成为中低收入者的福利，体现社会公平。

2. 普通住房：流转征税，保障消费

近年来，中央政策导向从"居者有其屋"[①]到"住有所居"的嬗变，凸显房地产的消费品属性。住房的消费品属性毋庸置疑，每个人都拥有居住的权利。然而，住房又是一种特殊商品，其供给难以及时响应市场需求的变化，因此很容易成为投资品。投资资本大量流入普通住房市场，造成房价的虚高和社会资金的占用，抑制了消费需求，进而影响到社会的稳定。中小户型（90m² 及以下）的普通住房是城市中的中低收入人群以及新增人口实现自有住房的第一步，即所谓的刚性需求。因此，普通住房的供给只为满足居住需求，不宜成为投资对象。设计对普通住房交易征收高税率增值税，可减少投资人的收益，将普通住房从投资性利益链中抽离出来，抑制房地

① 新加坡于1964年实施"居者有其屋"计划，按五年一期连续建设，同时将建成的"组屋"由租改售，并以优惠价格鼓励居民购买房屋产权。我国香港于1978年推出"居者有其屋"计划。

产投机需求。

较之营业税，增值税是调控房价更好的税种选择（王佑辉等，2006）。新加坡也曾经历商品房价格的快速上涨，政府采用了增收高额增值税的手段，配合市场细分和对低收入者进行补助等调控措施，获得了很好的效果。对于税率的制定，应以简洁可操作、降低征纳成本的设计依据，对房地产交易合同的课税制定标准税率、优惠税率和零税率的税制结构。标准税率可采用当前增值税税率的最高档（王平和刘慧勇，2016），即对一般纳税人的标准税率17%；优惠税率面向住房的长期持有人（例如持有房产5年以上），采用小规模纳税人统一适用3%的征收率，以鼓励生活水平得到提高的家庭改善居住条件；零税率则适用于住房租赁，降低中低收入家庭的住房负担，推进住房租赁市场的发展。虽然房地产市场价格持续上涨，会导致税负转嫁风险。但相比营业税，增值税更难以转嫁给购房者。流转环节高额的税收，会降低投资者对住房市场的兴趣，减少资本流入，挤出泡沫，降低空置率，促使普通住房市场回归常态。

3. 高档住房：保有征税，激励投资

我国住房体制改革近二十年来，城市居民的住房商品化程度已经很高。随着可支配收入逐年增长，原本通过购买公房获得自有住房的城市居民在住房的消费上大多已进入改善住房条件的阶段。高收入阶层通常占有区位好、面积大、配套设施完善的住房，享受更多的社会资源的同时，也应该承担更多的社会责任。将90m^{2}以上的住房划分为高档住房，对该类住房的政策设计以提高市场效率为取向。在流转环节免征增值税，以活跃市场交易；同时在保有环节，开征房产税，作为政府财政收入来源。

借鉴国外房地产税制与税费政策经验，对高档住房的征税重保有轻流转的税种结构，能刺激住房市场频繁的交易活动（印华等，1999）。持续征收房产税，避免住房被空置或低效利用，既能繁荣房地产市场，又能推动市场要素的优化配置。房产税是住房保有环节的付现成本，不影响机会成本和住房的供求。因而，开征房产税，不会对高档住房的投资性需求起到抑制作用（王智波，2008）。同时，只针对高档住房征税，也能避免中低收入居民税负超负荷。土地增值以税收形式纳入国库和地方财政，能成为各级政府增加保障性住房建设的财政支持（Ding，2003）。

7.2
人地均衡的保障房供给政策导向

7.2.1 居住用地供给政策的反思

合理的土地利用等规划可以在顺应发展规律的条件下，引导住房政策往更公平的方向发展（Hui et al.，2014；Shamsuddin & Vale，2017）。人地均衡的政策设计是保障房有效供给的前提。虽然现有的居住用地供给制度具有积极的社会意义，但也不能忽略制度局限性带来的社会问题和存在的隐患。

1. 建设用地供给总量受限，工业用地挤占居住用地

2003年起，国土资源部提出严格控制土地供应总量，特别是住宅和写字楼用地的供应量。尽管中国的土地资源总量丰富，但人均土地资源占有量较少。城市建设用地一般占用耕地，而目前中国的耕地总面积已逼近国家明确坚守的"18亿亩耕地红线"。在耕地红线的限制下，建设用地增加的空间相当有限。尤其是人口不断涌入的一二线城市，住宅用地供给始终处于饥饿状态。居住用地供给总量受限造成了城市化推进的损失，也降低了中国经济潜在的增速。

随着土地使用制度改革的进一步深入，我国土地市场制度不断完善。但是，市场在工业用地配置中的基础性作用还没有得到发挥。工业用地出让以协议方式为主，各地政府为了在招商引资中占据优势，在工业用地出让时竞相压价。由于土地和资金等要素之间存在需求的可替代性，为了实现利润最大化，企业在生产工艺允许的基础上，会选择尽量扩大用地面积，导致工业用地粗放利用（Wu et al.，2014）。在建设用地的总量限制下，过多的建设用地被作为工业用地粗放利用，导致居住用地的份额被挤占。2008—2014年，上海市工业用地出让占比58%，住宅用地占比仅26%；杭州市工业用地49%，住宅用地23%；慈溪市相应的比例为66%与8%。各城市的居住用地出让均远小于工业用地出让面积。从出让金来看，2008—2014年上海市居住用地出让收入占土地出让总收入的44%，杭州市占52%，慈溪市也达到42%。[①] 在我国当前的分税制财政体制下，许多受"土地财政"理念主导的地方政府甚至采取"饿地政策"抬高居住用地出让价格，以缓解财政压力（郑思齐和师展，2011）。

2. 保障性住房土地供给布局不合理，政策目标偏离

住房保障的土地来源于行政划拨，地方政府无法在保障性住房的土地出让中获取财政收入。由于建设用地总量控制，地方政府在住房保障中投入的土地量越多，相应的用于商业用地"招拍挂"的土地量越少，地方政府在土地出让中获取的财政收入也会减少，因此，为增加财政收入，地方政府倾向于在住房保障中投入市场价格更低的建设用地（吴宇哲和王薇，2018）。曾经住房性保障建设项目被安排在城市郊区或偏远位置，由此形成的通勤问题和生活配套问题，使得中低收入人群不愿申请入住。2015年底，审计署发布的《稳增长促改革调结构惠民生防风险政策措施贯彻落实跟踪审计结果公告》显示，有一些省市已建成的保障性住房大量闲置。一边是中低收入者的住房保障需求无法得到满足，另一边是国家财政投入资源的闲置和浪费。

国外许多城市运用城市增长边界进行规划时，对可支付性住房的用地供应是优先考虑的（Nelson & Wachter，2003），而我国的城市规划并未对保障性住房的建设承担起相应的角色与责任。中央政府将优先保障性住房用地作为解决中低收入家庭住房困难的重要手段，但有的地方政府在执行过程中偏

---

① 数据来源：克尔瑞数据库。

离了政策目标。

3. 别墅类高端商品房用地受限，扭曲市场需求

早在2003年，国土资源部就明确提出，停止别墅类用地的土地供应。此后，别墅供地禁令被国务院、国土资源部一再重申。2008年，在国务院的文件中，依然有"继续停止别墅类房地产开发项目的土地供应"的明确要求。停止别墅供地并不等同于禁止建别墅，开发商仍将别墅产品建于普通房地产项目内部。2010年，国土资源部以及住房和城乡建设部下发的文件中，进一步提出要严格限制低密度大户型住宅。并且，在没有完成保障性住房、棚户区改造住房和中小套型普通商品住房供地计划的地区，不得向大户型高档住房建设供地。

虽然大量中低价位、中小套型普通商品住房的建造，对解决中低收入人群的住房问题起到了积极的作用。但高收入人群对别墅、排屋等高端商品房的需求得不到释放，转而将普通商品房作为投资品，拉高了房价。部分中高收入人群也在金融杠杆的支持下，凭借对房价产市场的长期正向预期，将资产投入房地产市场以求保值增值。经验研究证明，投资属性的房地产对推高房价起着越来越重要的作用（邓翔和李双强，2015）。北上广深等一线城市和厦门、南京、杭州等重点二线城市，由于投资需求旺盛，房价收入比持续攀升（曹倪娜，2016）。以居住功能为本的住房需求，在房地产市场的投资效应下被扭曲。

7.2.2 人地均衡的居住用地改革设想

我国居住用地出让面临严重的"供给约束"与"供给抑制"，城市化推进呼唤实质性的制度改革创新举措（贾康和张斌，2016）。中央明确指出，供给侧结构性改革，重点是解放和发展社会生产力，用改革的办法推进结构调整，减少无效和低端供给，扩大有效和中高端供给，增强供给结构对需求变化的适应性和灵活性，提高全要素生产率（卢为民，2016）。在现行的居住用地供给制度下，低收入群体对价格过高的普通商品房市场缺乏有效需求，而保障性住房的数量和质量还不能覆盖其需求；高收入群体对高端商品房的潜在需求得不到满足，转而将普通商品房作为投资对象；中等收入群体中，已购房的人群在房贷压力下抑制了日常消费支出，而未购房的人群面对居高不下的房价，住房问题难以解决。因此，居住用地的供给侧改革必须将这三个方面的问题同时纳入基本框架，以住房需求为导向，通过对土地等要素的优化配置，实现人地均衡。

1. 淡化总量控制，增加居住用地供地弹性

为保障人口高峰期的粮食安全，国家划定了"18亿亩耕地红线"，然而，在一个具体的耕地数量下设计的耕地保护政策很大程度上倒向了数量保护（倪绍祥和刘彦随，1998）。从粮食安全的角度，应该强调保护15.6亿基本农田耕地红线，让优质耕地得到有效的保护。如果按照2030年中国人口高峰期达到16亿人来测算（Wu et al.，2016），人均基本农田面积接近1亩，相比世界粮农组织设定的人均耕地警戒线①，已经存了余量。在严格保障基本农田的基础上，弱化耕地总量控制（郭珍和吴宇哲，2016）。《全国国土规划纲要（2016—2030）》中，设定了耕地保有量的约束性指标，2020年为18.65亿亩，2030年略减为18.25亿亩。相较于原来的耕地总量限制，指标看似略有上升，实则是下降。因为原来的18.05亿亩是根据第二次全国土地调查前的18.26亿亩耕地的基数来制定的，而现在的指标则是参照第二次全国土地调查后的20.31亿亩的基数②。可以看出，2017年颁布的《全国国土规划纲要（2016—2030）》已经对原来的土地利用规划纲要进行了修正，实际上，新制定的耕地保护任务就是对总量的淡化。

---

① 联合国粮农组织的指标换算，我国将耕地的警戒线规定为人均0.8亩。

② 参见第二次全国土地调查主要数据成果的公报，http://www.mlr.gov.cn/zwgk/zytz/201312/t20131230_1298865.htm.

我国的住房供给因为人为条件限制（如土地资源紧张、开发管制等）而缺乏弹性，因此人口增长引起的需求增长带来的是价格增长而非数量增长（Glaeser et al.，2006）。为优化住房供给体系，相对于住房需求抑制，土地供给调节是更优的调控政策。将一些非基本农田的耕地，如低丘缓坡地带，用于建设高档商品房；同时对高档商品房增收耕地占有税用于保证基本农田的质量提升，从而同时实现粮食安全和居住用地供给。

针对提高居住用地供给弹性，中央政府已经开始制定政策着手改进。按照《推动1亿非户籍人口在城市落户方案》要求，将按照以人定地、人地和谐的原则，建立城镇建设用地增加规模与吸纳农业转移人口落户数量挂钩机制。据悉，对于进城落户人口，今后5年将按人均100平方米标准安排新增城镇建设用地，而且因吸纳非户籍人口有限，超大和特大城市的中心城区所得新增建设用地将非常有限，相反，那些吸收1亿非户籍人口的三四线城市将会得到约1200万亩土地的有效供给，而且地方政府还有10%以内的自主调节权。制度改革将以人口增量带动土地资源增量，进而推动我国经济更加合理与均衡地发展。

2. 优化保障性住房土地供给，促进农民工市民化

自1994年国务院颁布文件首次提出"要建立以中低收入家庭为对象、具有社会保障性质的经济适用房供应体系"以后，中央政府先后出台了一系列政策引导地方政府探索保障性住房的建设。2006年国务院转发九部委的意见提出优先保障性住房的土地供应，成为推进保障性住房建设的重要保证。"十一五"期间的1000万套和"十二五"期间的3600万套保障性住房建设目标的实现，"十三五"规划要推动1亿非户籍人口在城市落户方案，以及"十四五"规划提出，有效增加保障房供给，完善住房保障基础性制度和支持政策。以人口流入多、房价高的城市为重点，扩大保障性租赁住房供给，着力解决困难群体和新市民住房问题，都以保证保障性住房用地为前提。

从荷兰、瑞典、美国、新加坡、法国等发达国家的经验看，在房地产市场发展到一定阶段和相对稳定时，土地供给的首要目标是确保保障性住房和公共（公益）设施建设的用地需要。房地产市场如果缺乏政府的干预以及对住房保障的投入，它的房价和供给对某些阶层的生活将造成极大的挤出效应，由此放逐了对城市功能至关重要的人群，伦敦正面临这种困境（Moore，2016）。中国在快速城市化的进程中，稳定就业的外来务工人员和新就业的大学生是人口城市化的重要组成部分，他们收入相对较低，城市的高房价对他们产生了挤出效应。这个数量庞大的群体在进入城镇的初级阶段，对住房的需求需要通过住房保障制度来实现，而保障性住房的土地供给对住房保障制度实施的数量和质量起到决定性作用。

2016年，国务院办公厅发布了《推动1亿非户籍人口在城市落户方案》，"十三五"期间，我国户籍人口城市化率年均要提高1个百分点以上，年均转户1300万人以上。除了户籍的改变，同城居民公共服务权利的平等化将同步推进，包括将进城落户农民完全纳入城镇住房保障体系。政策目标凸显了优化保障性住房空间布局的必要性。为优化保障性住房用地的空间布局，提出以下几点建议：一是结合现有公共交通选址，发展以公共交通为主导的住区模式；二是继续鼓励适度混合居住，通过政策优惠激励开发商开展各种方式的配建；三是在新区开发的整体规划中，纳入配套公共服务设施完备、职住适度混合的保障性住房。

3. 放开高档商品住房用地供给，带动产业链

2023年中国的城镇化率已达66.16%，也就是大约9亿人住在城市。按照国际通用比率[①]粗略计算，大约有1.4亿的高收入人群居住在城市。如此大规模的高收入人群对高端商品房形成庞大的需求。以义乌为例，由于繁荣的小商品批发零售业，义乌是一个典型的人口流入城市。但由于外来人口的人力资本相对较低，并未对住房市场形成大量的有效需求。因此，义乌市每

---

① 国际上通常按照15%的比例来计算城市中的富人数量。

年成交的商业住宅用地维持在2～3块的范围内。2024年6月，义乌稠城街道一块容积率为1.10～1.35的商业住宅用地出让，溢价率35.38%。低容积率的项目时当前楼市的热点之一，许多低密住宅项目都是一房难求，呈现出市场对高端商品房的强大需求。

房地产产业链上的各产业发展具有长期联动性，尤其房地产产业变化对钢铁、金融等上游产业影响更为显著。周稳海等（2016）利用1999—2013年中国省际面板数据，分析了别墅与高档公寓投资对经济增长的影响，实证结果表明别墅与高档公寓投资对其上、下游产业的拉动效果大于其引起的负面效果。尤其是别墅，仅开发期对建材的需求就远大于普通住宅，因此，通过前后连锁效应和乘数效应，相对于普通住宅，别墅对于经济的拉动作用也成倍扩大。

经济增长必须考虑住房市场，尤其是住房供给（Glaeser et al.，2006）。随着我国经济步入增长速度减缓时期，放开别墅等高端商品住房用地的限制，增加高端商品房开发量，有利于拉动经济持续增长。具体来说，高端商品房仍以"招拍挂"方式供地，户型、面积和房价由开发商自主确定，以满足高收入家庭的住房需求。低容积率的别墅建于城乡接合部，可成为城市中高密度高容积率的高楼大厦向农村低密度低容积率的低层农居的过渡，淡化城乡差异，促进城乡一体化。另外，配合物业税制度的出台，对高端商品房超额部分征税，对别墅全额征收耕地资源占用税，并将税收专项投入保障性住房建设，可有助于弥补政府在住房保障建设资金中的缺口（贾春梅和葛扬，2012），使中低收入人群从中受益，进而缩小社会贫富差距。

7.3
保障房供给政策改革动态路径

要解决住房问题，稳步推进城市化，必须从住房需求角度推进居住用地的供给侧结构性改革。结合市场在资源配置中的决定性作用和政府调控作用，创新土地供给制度，优化居住用地供应结构。保障房供给政策改革是个逐步推进的过程，要基于现有土地制度框架，依据居住用地供给侧结构性改革的基本框架，构建住房需求导向的居住用地供给机制和路径，实现人地均衡。保障房供给政策改革的动态路径如图7-2所示 [①]，以居住用地供给为基础，推动高端商品房、普通住宅和保障性住房之间的良性流转，以市场机制为主导，满足各类人群的住房需求。

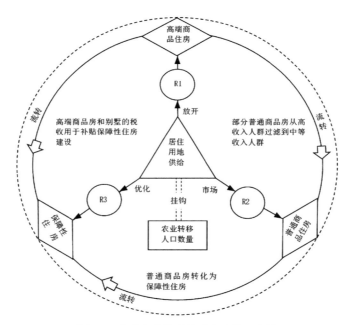

图 7-2 保障房供给政策动态路径示意图

---

① 根据现行国家标准《城市用地分类与规划建设用地标准》GB 50137—2011，将城市建设用地中的居住用地分为三类，分别用R1、R2、R3表示。R1是一类居住用地，指设施齐全、环境良好，以低层住宅区为主的用地；R2是二类居住用地，指设施较齐全、环境良好，以多、中、高层住宅为主的用地；R3是三类居住用地，指设施较欠缺，环境较差，以需要加以改造的简陋住宅为主的用地，包括危房、棚户区、临时住宅等用地。

具体来说，基于住房结构均衡的居住用地供给侧结构性改革的动态路径通过"一个挂钩""两个放开"和"三个流转"来完成。"一个挂钩"是指城镇建设用地（包括居住用地）增加规模与吸纳农业转移人口落户数量挂钩，改善土地在地区间的供需错配。"两个放开"：一是放开城市建设用地总量限制，从"耕地数量平衡"转为"耕地质量平衡"过程中释放出土地，用于推进城市化建设，提高土地供给效率；二是放开高端商品房（别墅、排屋）用地的供给，满足高收入人群的住房需求。"三个流转"：一是部分普通商品房从高收入人群流转到中等收入人群，增加普通商品房的市场供给，有助于满足中等收入人群的改善型需求，利于社会和谐；二是政府（或非盈利机构等其他社会组织）通过购买或长期租赁，将市场上的普通商品房流转为保障性住房，补充现有的以集中新建保障性住房为主的保障房体系。我国的土地所有权公有制为这一路径提供了优势，政府可利用土地使用权到期的时机，系统地向私人收购普通商品房，充实保障房供应的储备。这样能给低收入人群提供多样化选择，促进混合居住，防止社会隔离；三是高端商品房和别墅的税收用于补贴保障性住房建设，实现不同收入阶层之间财富流转，使低收入者受益。此外，高端商品房的建设不仅带动产能的消耗，更重要的将产生新的产能需求，也将促进经济增长。三类住房实物和资金的流转，将推动住房供需体系的良好运转，同时新增城市人口的消费需求的激发将成为经济增长的新触动点，实现以内需拉动推动经济可持续增长的路径。

住房体系由不均衡向均衡转变的过程，就是释放新需求，创造新供给，加快实现发展动力转换的过程。居住用地供给制度改革的过程也正是自觉进行供给侧结构性改革、释放微观市场主体潜力、提升经济社会发展活力的过程。为实现供给侧结构性改革，需着力于在短板上增加有效供给，顺应符合经济规律的空间指向，构建住房需求导向的居住用地供给机制和路径，提高土地供给的效率，实现住房结构均衡与人地均衡。

7.4

小结

保障房供给政策的关键在于处理好政府与市场的关系，充分发挥市场配置资源的决定性作用，更好地（而不是更多地）发挥政府作用。基于促进城市包容性增长的保障房供给政策仿真实验观察的启示，本章将保障房供给政策作为住房体系整体的一个重要组成部分，从住房结构导向和人地均衡导向两个视角提出了改革思路。

当前我国城市住房体系存在着保障性住房的覆盖面不足、普通商品房的价格上涨过快、高档商品房需求得不到满足等内部矛盾。因此，将住房结构均衡导向的保障房供给政策纳入到住房体系的整体设计思路中，设计了保障房严控属性，落实回购；普通住房流转征税，保障消费；高档住房保有征税，激励投资的分类引导政策导向。

从人地均衡的政策导向来看，提出居住用地的供给侧改革必须将目前工业用地挤占居住用地，保障房用地布局不合理，住房市场需求扭曲这三个方面的问题同时纳入政策研究框架，以住房需求为导向，通过对土地等要素的优化配置，实现人地均衡。

最后，基于住房结构均衡与人地均衡的政策导向，描绘了包含"一个挂钩""两个放开"和"三个流转"的保障房供给政策改革的动态路径，为完善住房体系提供参考。

8

结论与讨论

8.1
研究结论

根据威廉姆森（Williamson，2000）划分的社会科学研究的四个层次 [①]，本书聚焦于资源配置层次。这个层次的研究周期短，在不同的时空背景下适用的理论也会相应地有所变化。例如，对于住房保障应该补贴供给侧还是需求侧的问题，在美国更倾向于选择更为灵活的需求侧补贴，但同样的政策到了英国就会水土不服（O'Sullivan & Gibb，2003）。而在同一个国家，不同历史时期所蕴含的社会经济背景的差异，也决定随之而来的理论变迁。本项研究对于保障房供给对城市发展的效应的分析是处于快速城市化与经济转型的特定历史时期，大量人口向城市聚集以及产业调整是这个时期的重要特征。基于此，本项研究是致力于为当前保障房供给政策提供科学依据，其理论与结果必然有时空局限性。但研究过程中对该领域理论框架的改进与拓展，以及对研究方法的尝试与探索，将对住房保障研究的长远发展，尤其是保障房供给对城市包容性增长的效应研究起到一些铺垫作用。

本书的主要研究结果和结论归纳为以下几点：

（1）通过国内外保障房供给研究比较发现，城市化发展阶段是决定保障房供给政策的重要依据。随着我国城市化发展目标向提高城镇化质量、城乡融合与可持续发展推进，保障房供给研究的理论框架也将发生转变。从原先的保障房建设投资推动经济增长，转变为对保障房供给拉动内需的作用，从而形成社会融合和经济增长的目标协同。如何通过保障房供给促进城市包容性增长，将成为保障房供给研究的重点发展方向。

[①] 威廉姆森归纳的社会科学研究的四个层次依次为社会基础、制度环境、治理结构和资源配置。

（2）基于新型城镇化战略的指导思想，在中国语境下构建了市民化与内需融合的研究框架。在此框架中，保障房供给不仅为流动人口提供居所，也提供了他们融入城市生活的环境，从而在推动农业人口转移的过程中，拉动内需，促进城市产业发展，推动城市包容性增长。市民化与内需融合的框架为理解保障房供给对城市包容性增长的影响提供了基础。

（3）实证研究发现，保障房供给与城市的社会融合与经济增长都有紧密联系，对城市包容性增长有显著的正向影响。保障房供给数量、供给质量与供给对象这三个维度中，供给数量对城市包容性增长的影响最大，而供给质量暂未形成显著的影响。同时，结果表明保障房供给要首先保障在经济情况和社会地位上最弱势的群体，才更有利于城市包容性增长。

（4）以重庆市为案例，发现保障房供给对流动人口融入城市具有显著促进的作用。尤其是在租赁类住房中，公租房对居留意愿体现出更强的正向影响，并且促进了居民的生活消费。因此，保障房供给对流动人口产生的融入效应与消费效应，成为保障房供给促进城市包容性增长的微观基础。

（5）通过对真实系统的情景模拟，观察到城市的居住条件形成倒U形曲线。城市的集聚效应带来城市人口的不断增长，而住房供给受到土地的限制，从而在长期发展趋势下，城市居住条件会出现转折点。通过政策仿真实验发现，人口控制政策与住房保障政策的结合，可更为有效地促进城市包容性增长。

（6）政策仿真实验对我国保障房供给政策的制定与住房体制改革带来了重要的启示：一是人口与住房的均衡，二是商品房与保障房的均衡。在此基础上，将保障房和商品房共同纳入改革框架，提出住房体系可持续发展的分类引导与居住用地改革政策建议，并设计"一个挂钩""两个放开"和"三个流转"的动态路径。

8.2 特色与创新

本书可能存在的特色与创新之处归纳为以下几点：

（1）融合了市民化与内需两个视角，系统地探讨了保障房供给对城市包容性增长的影响。

当保障房供给规模达到一定水平时，保障房供给政策对社会融合的效用将影响城市的资本积累、城市化进程和经济增长，保障房供给政策就会在城市规划政策中内生地产生。本书构建了一个融合经济效应和社会效应的研究框架，在此框架中，保障房供给落实流动人口市民化和拉动城市内需的效应是研究的重点。结合对城市包容性增长双重逻辑的剖析，引入系统动力学的研究工具，将市民化与内需融合到一个框架中，探讨保障房供给对城市包容性增长的传导机制。运用市民化与内需融合的框架开展的实证研究，淡化了对变量系数和显著性的关注，而重点思考变量间的变化趋势及反馈机制。从而，将研究城市发展与住房政策的视角从"投入到产出"转变为"反馈与内生"，将效应研究从传统经济学分析框架拓展到系统思维的复杂科学分析框架。

（2）从三个层次系统梳理了保障房供给对城市包容性增长的影响机理。

基于城市—住房—保障房三个层次，阐释了保障房供给影响城市包容性增长的理论机理，将保障房供给促进社会融合的单一逻辑，推进到保障房供给促进社会融合与经济增长的双重逻辑。近年来有社会学家认为，东亚国家的福利制度正在从"生产型福利"向"发展型福利"转变，后者的特点是"社会政策不再从属于经济政策而是互相并列"。此项研究将这种理念转变引入保障房政策研究，将经济增长和社会融合作为两个并行的指标来探讨保障房供给效应，对城市发展与住房政策研究理论发展作出了贡献。

（3）运用结构方程模型检验了保障房供给对城市包容性增长的效应。

为了从拉动内需的视角实证检验保障房供给对城市包容性增长的影响，本书在研究方法上进行了探索性的尝试，采用结构方程模型检验了城市间保障房供给差异与城市包容性增长速度的相关性。借助结构方程模型处理社会科学领域感兴趣又不能直接测量的变量，并且允许同时考虑多个内因变量的优势，构建了城市包容性增长潜变量，并将保障房供给解构为供给数量、供给质量与供给对象三个维度，检验一般线性回归模型无法测量的网络关系。结构方程模型的分析形态为保障房供给对城市包容性增长的效应研究提供了一种有弹性并且有效度的方法。

（4）从个体层面更深入地考察了保障房供给落实流动人口市民化的效应。

关于市民化的影响研究通常采用数据统计分析的方法，虽然有助于对整体上的把握，但将现实高度抽象化，损失了大量的细节。此项研究深入重庆市保障房社区开展了田野调查，通过对保障房社区内和周边居民以及管理部门工作人员开展半结构式访谈，获得了大量个体的直观感受，为探讨保障房供给落实流动人口市民化的效应提供了经验资料。

8.3
不足与展望

这是一项"管中窥豹"的研究。用这个成语来定位的原因有二：一是视角小。基于保障房供给来考察城市包容性增长，就如同通过竹管的小孔观察豹，即使略有所得，也必须知晓看到的只能是局部而非全貌。因此，在研究方法的选择上是谨慎的，采用了系统思维模式进行假设与推测，以尽量争取"窥一斑而知全豹"的效果。二是数据少。由于不同类型的保障性住房在性质上差异较大，此项研究的案例分析聚焦于公共租赁住房。我国大力推广公租房的历史仅十多年，对于政策效应往往需要经历几十甚至上百年才能显著反映出来的时间跨度来说还非常短暂，因此很难通过实证检验来反映其效应。此项研究中开展的实证检验能够对保障房供给效应"初见端倪"，便已是有所收获。

保障房供给将有助于我国在新型城镇化目标指引下促进包容性城市增长。自改革开放以来，我国经历了令全世界印象深刻的经济增长，跃居世界第二大经济体。1979—2016年，中国经济年均增长9.6%[①]，2010年以后虽逐年下滑，但仍一直维持远高于世界平均水平的增长速度。强劲的经济增长支持了贫困的大幅减少，1978年中国农村贫困人口2.6亿，到2020年实现农村贫困人口全面脱贫，然而从逐渐扩大的贫富差距来看，低收入人口并没有均等地享受经济增长带来的利益。中国仍有超过40%的人口从事农业，农业部门的产出仅占2016国内生产总值的8.6%。在一些国家，城市化被看作加速经济增长和减少贫困的工具。随着中国城市在就业和国内生产总值中所占份额越来越大，推进"以人为核心"的新型城镇化将是一项重要战略。这一城乡结构转变无疑将促使城市住房需求的增加，因此城市需要更多可负担得起并且配套充分的住房选择。现在正是政府巩固和重新调整住房部门的新阶段，住房政策的重点是一方面更好地管理市场脆弱性，另一方面更有效保障城市新增人口中低收入者的住房需求。

随着供给侧改革的深入和房地产市场稳定健康发展长效机制的构建，国内对于保障房供给理论研究与政策研究也将进一步掀起高潮。保障房供给的研究可以分为对住房保障制度供给的探讨和对保障房实物供给的分析：前者立足于宏观层面，主要从经济学、公共管理等学科视角出发，侧重于政策的制定完善和执行，比如资金来源、覆盖范围、供给力度等；后者立足于微观技术层面，主要从城市规划的学科视角着手，侧重于空间形态的规划与设计，例如保障房的户型设计、社区规划、居住形态等。在快速城市化进程

---

① 数据来源：中国经济与社会发展统计数据库.http://tongji.cnki.net/kns55/index.aspx.

中，以农业转移人口为主的流动人口在选择长期定居城市中的决策因素对于新增常住人口对地方政府制定保障房政策的影响，及政策引起的人口数量结构的变化对城市发展的影响研究将不可忽略。

2016年，城市已占世界人口的54%。预计到21世纪中叶，这个数字将上升到66%。因此，通过包容和创新解决城市面临的主要问题成为世界共同的解决方案，社会融合也成为发展理论的新焦点。城市是社会融合的重要场域，要促进社会融合关键是提升城市包容性。保障房供给政策要从对冲商品房市场调整压力的政策导向转为民生导向，因此，预计在中国的城市化继续快速增长期间，面向城市新增人口的保障房政策给城市发展带来的经济效应和社会效应将长期成为政府和学界探讨的焦点。

参考文献

[1] Alesina, A., Perotti, R. Income distribution, political instability, and investment[J]. European Economic Review, 1996, 40: 1203-1228.

[2] Aliprantis, D., Hartley, D. Blowing It Up and Knocking It Down: The Local and City-Wide Effects of Demolishing High Concentration Public Housing on Crime[J]. 2015, 88: 67-81.

[3] Anderson, L. M., St. Charles, J., Fullilove, et al. Providing affordable family housing and reducing residential segregation by income[J]. American Journal of Preventive Medicine, 2003, 24(3): 47-67.

[4] Andrews, R. B. Mechanics of the Urban Economic Base: Historical Development of the Base Concept [J]. Land Economics, 1953, 29(2): 161-167.

[5] Arman, M., Zuo, J., Wilson, L., et al. S.Challenges of responding to sustainability with implications for affordable housing[J]. Ecological Economics, 2009, 68(12): 3034-3041.

[6] Arnott, R. Housing policy in developing countries: the importance of informal economy[M]. 2005: 181-212.

[7] Barr, N. The Economics of the Welfare State[M]. Palo Aito Stanford University Press, 1998.

[8] Benner, C., Pastor, M. Just Growth: Inclusion and Prosperity in America's Metropolitan Regions[M]. Oxon & New York: Routledge, 2012.

[9] Berry, M. Why is it important to boost the supply of affordable housing in Australia—and how can we do it? [J]. Urban Policy and Research, 2003, 21(4): 413-435.

[10] Blokland, T. "You Got to Remember you Live in Public Housing": Place-Making in an American Housing Project[J]. Housing, Theory and Society, 2008, 25(1): 31-46.

[11] Bloom, N. D., Umbach, F., Vale, L. J. Public Housing Myths: Perception, Reality, and Social Policy[M]. Ithaca & London: Cornell University Press, 2015.

[12] Chen, C. The structure and dynamics of co-citation clusters: A multiple-perspective co-citation analysis[J]. Journal of the American Society for Information Science and Technology, 2010, 61(7): 1386-1409.

[13] CLG, C. A. L. G. Home for the Future More Affordable, More Sustainable[M]. London: The Stationery Office, 2007.

[14] Cowans, J., Maclennan, D. Visions for social housing: international perspectives[M]. The Smith Institute, 2008.

[15] Ding, C. Land policy reform in China: assessment and prospects[J]. Land Use Policy, 2003, 20(2): 109-120.

[16] Dipasquale, D., Wheaton, W. C. Urban Economics and Real Estate Markets[M]. Prentice-Hall, Englewood Cliffs, 1996.

[17] Disney, J. Affordable housing in Australia: Some key problems and priorities for action[M]. Melbourne: Vic: AHURI, 2007.

[18] Dooling, S., Simon, G. Cities, Nature and Development: The Politics and Production of Urban Vulnerablity[M]. London and New York: Routledge, 2016.

[19] Edelstein, R. H., Lum, S. K. House prices, wealth effects, and the Singapore macro economy[J]. Journal of Housing Economics, 2004(13): 342-367.

[20] Fiva, J. H. Does welfare policy affect residential choices? An empirical

investigation accounting for policy endogeneity[J]. Journal of Public Economics, 2009, 93(3-4): 529-540.

[21] Forrester, J. Urban Dynamics[M]. Cambridge, MA.: MIT Press, 1969.

[22] Forrester, J. World Dynamics[M]. Cambridge, MA.: Wright-Allen Press, 1971.

[23] Fu, Y., Zheng, S., Liu, H. Population Growth across Chinese Cities: Demand Shocks, Housing Supply Elasticity and Supply Shifts. Available at SSRN: https: //ssrn.com/abstract=1153022 or http: //dx.doi.org/10.2139/ssrn.1153022.

[24] Garry, P. M. The false promise of big government: how Washington helps the rich and hurts the poor[M]. Wilmington, Delaware: ISI Books, 2017.

[25] Ghaffarzadegan, N. How a system backfires: dynamics of redundancy solution in security[J]. Risk Analysis, 2008, 28(6): 1669-1687.

[26] Ghaffarzadegan, N., Lyneis, J., Richardson, G. P. How small system dynamics models can help the public policy process[J]. System Dynamics Review, 2010, 27(1): 22-44.

[27] Gibson, L. J. Economic base theory and applied geography[M]. Dordrecht: Springer, 2004.

[28] Glaseer, E. L., Gyourko, J., Saks, R. E. Why have housing prices gone up ? [J]. AEA Papers and Proceedings, 2005, 95(2): 329-333.

[29] Glaeser, E. L., Gyourko, J., Saks, R. E. Urban growth and housing supply[J]. Journal of Political Economy, 2006, 6(1): 71-89.

[30] Gurran, N., Milligan, V., Baker, D. C., Bugg, L. B., Christensen, S. A. New Directions in Planning for Affordable housing Australian and international evidence and implications[J]. Research and Policy Bulletin, 2008,(105): 1-143.

[31] Hui, C. M., Leung, Y. P., Yu, K. H. The impact of different land-supplying channels on the supply of housing[J]. Land Use Policy, 2014, 39: 244-253.

[32] Jackson, A. A place called home: A history of low-cost housing in Manhattan[M].

Cambridge, Mass.: MIT Press, 1976.

[33] Jacobs, J. The Death and Life of Great American Cities[M]. NY: Vintage, 1961.

[34] Jonas, A., Wilson, D. The Urban Growth Machine: Critical Perspectives, Two Decades Later[M]. Albany, NY: SUNY Press, 1999.

[35] Kemeny, J. Housing and Social Theory[M]. London: Routledge, 1992.

[36] Kemeny, J. From Public Housing to the Social Market: Rental policy strategies in comparative perspective[M]. London: Routledge, 1995.

[37] King, G., Zeng, L. Logistic Regression in Rare Events Data[J]. Society for Political Methodology, 2001, 9(2): 137-163.

[38] Kuznets, S. Economic growth and income inequality[J]. The American Economic Review, 1955, 45(1): 1-28.

[39] Lee, J. Developmentalism, social welfare and state capacity in East Asia: integrating housing and social security in Singapore[J]. Journal of Asian Public Policy, 2009, 2(2): 157-170.

[40] Liu, H., Yi, D., Zheng, S. Small Property Rights Housing in Chinese cities: Its role and the uniqueness of dwellers[J]. Habitat International, 2018.

[41] Lucas, R. E. Life earnings and rural -urban migration[J]. Journal of Political Economy, 2004, 112(1): 29-59.

[42] Lund, B. Understanding Housing Policy[M].Bristol: Policy Press, 2006.

[43] Madden, D., Marcuse, P. In Defense of Housing[M]. London & New York: Verso, 2016.

[44] Mashayekhi, A. Public finance, oil revenue expenditure and economic performance: acomparative study of four countries[J]. System Dynamics Review, 1998, 14(2-3): 189-219.

[45] Mayer, C. J., Somerville, C. T. Land use regulation and new construction[J]. Regional Science and Urban Economics, 2000, 30(6): 639-662.

[46] McKay, R., White, R. A. HOPE Ⅵ: Assisting Public Housing Authorities in Supporting Families[M]. Washinton: CWLA Press, 2002.

[47] Meadows, D., Meadows, D., Randers, J., Iii, W. W. B. The Limits to Growth[M]. New York: Universe, 1972.

[48] Moore, R. Slow burn city: London in the twenty-first century[M]. London: Picador, 2016.

[49] Nelson, A. C., Wachter, S. M. Policy, Growth Management and Affordable[J]. Journal of Affordable Housing & Community Development Law, 2003, 12(2): 173-187.

[50] O'Sullivan, A. Urban Economics[M].NY.: McGraw-Hill Education, 2012.

[51] O'Sullivan, T., Gibb, K. Housing Economics and Public Policy[M]. Oxford: Blackwell Science, 2003.

[52] Painter, G. Welfare reform-what can we learm from the rationing of housing assistance[M]. University of California Berkeley, 1996.

[53] Polanyi, K. The Great Transformation: The Political and Economic Origins of Our Time[M]. Boston: Beacon Press, 2001.

[54] Popkin, S. J. No Simple Solutions: Transforming Public Housing in Chicago[M]. Lanham: Rowman & Littlefield, 2016.

[55] Quigley, J. M., Raphael, S. Is Housing Unaffordable？ Why Isn't It More Affordable？ [J]. Journal of Economic Perspectives, 2004, 18(1): 191-214.

[56] Quigley, J. M., Raphael, S. Regulation and the High Cost of Housing in California[J]. American Economic Review, 2005, 95(2): 323-328.

[57] Robert E. Lucas, J. Life Earnings and Rural- Urban Migration[J]. 2004, 112 (S1): S29-S59.

[58] Rosen, K. T., Ross, M. C. Increasing Home Ownership in Urban China: Notes on the Problem of Affordability[J]. 2000, 15(1): 77-88.

[59] Rosenthal, S. S., Strange, W. C. Geography, Industrial Organizatin, and Agglomeration[J]. Review of Economics and Statistics, 2003(85): 377-393.

[60] Rothenberg, J. Economic Evaluation of Urban Renewal[M]. Washington D. C.: Brookings Institution, 1967.

[61] Shamsuddin, S., Vale, L. J. Lease it or lose it？ The implications of New York's Land Lease Initiative for public housing preservation[J]. Urban Studies, 2017, 54(1): 137-157.

[62] Stevens, P., Stokes, L. O., Mahony, M. Metrics, Targets and Performance[J]. National Institute Economic Review, 2006, 197(1): 80-92.

[63] Tao, L., Hui, E. C. M., Wong, F. K. W., Chen, T. Housing choices of migrant workers in China: Beyond the Hukou perspective[J]. Habitat International, 2015, 49: 474-483.

[64] Tiebout, C. M. The Urban Economic Base Reconsidered[J]. Land Economics, 1956a, 32(1): 95-99.

[65] Tiebout, C. M. A Pure Theory of Local Expenditures[J]. Journal of Political Economy, 1956b, 64(5): 416-424.

[66] Tighe, J. R. Public Opinion and Affordable Housing: A Review of the Literature[J]. Journal of Planning Literature, 2010, 25(1): 3-17.

[67] Tipple, A. G., Willis, K. G. Housing the poor in the developing world: methods of analysis, case studies and policy[M]. London: Routledge, 1991.

[68] UN. World Urbanization Prospects, the 2014 revision [R]. 2014.

[69] UN-Habitat. Urbanization and Development: Emerging Futures[R]. 2016.

[70] Wang, W., Zhang, X., Wu, Y., et al. Development priority zoning in China and its impact on urban growth management strategy[J]. Cities, 2017, 62: 1-9.

[71] Wang, X., Hui, E. C., Choguill, C., et al. The new urbanization policy in China: Which way forward？[J]. Habitat International, 2015, 47: 279-284.

[72] Wetzstein, S. The global urban housing affordability crisis[J]. Urban Studies, 2017, 54(4): 3159-3177.

[73] Williamson, O. E., The New Institutional Economics: Taking Stock, Looking Ahead[J]. Jounal of Economic Literature, 2000, 38, 595-613.

[74] Woolston, C. A home on a budget[J]. Nature, 2017, 547: 247-249.

[75] World Bank Group. Affordable Housing: a way forward[R]. 2015.

[76] Wu, Y., Luo, J., Zhang, X., Skitmore, M. Urban growth dilemmas and solutions in China: Looking forward to 2030[J]. Habitat International, 2016, 56: 42-51.

[77] Wu, Y., Zhang, X., Skitmore, M., et al. Industrial Land Price and its Impact on Urban Growth: A Centipede Game Model[J]. Land Use Policy, 2014, 36(1): 199-209.

[78] Yu, L., Cai, H. Challenges for housing rural-to-urban migrants in Beijing[J]. Habitat International, 2013, 40: 268-277.

[79] Zagonel, A., Rohrbaugh, J., Richardson, G., et al. Using simulation models to address "what if" questions about welfare reform[J]. Journal of Policy Analysis and Management, 2004, 23(4): 890-901.

[80] Zhao, P. Urban-rural transition in China's metropolises: new trends in peri-urbanisation in Beijing[J]. International Development Planning Review, 2012, 34(3): 269-294.

[81] Zhao, P. Informal Suburbanization in Beijing: An Investigation of Informal Gated Communities on the Urban Fringe[J]. Habitat International, 2018, 77: 130-142.

[82] Zhou, J., Ronald, R. Housing and Welfare Regimes: Examining the Changing Role of Public Housing in China[J]. Housing, Theory and Society, 2016(9): 1-24.

[83] Zou，Y. Contradictions in China's affordable housing policy：Goals vs. structure[J]. Habitat International，2014，41：8-16.

[84] 阿马蒂亚·森.生活水准[M].徐大建，译.上海：上海财经大学出版社，2007.

[85] 巴曙松，牛播坤，杨现领.保障房制度建设：国际经验及中国的政策选择[J]. 财政研究，2011（12）：16-19.

[86] 曹倪娜.全国35个大中城市房价收入比偏离度排行榜[R].易居房地产研究院，2016.

[87] 陈超，柳子君，肖辉.从供给视角看我国房地产市场的"两难困境"[J]. 金融研究，2011（1）：73-93.

[88] 陈和顺.劏房围城：被遗忘的香港故事[M].香港：印象文字，2013.

[89] 陈佳贵，刘国光，王洛林.经济蓝皮书：2011年中国经济形势分析与预测[M]. 北京：社会科学文献出版社，2010.

[90] 陈建军，周维正.空间视角下的地方政府土地经营策略、竞争机制和中国的城市层级体系——来自中国186个地级市的经验证据[J].中国土地科学，2016（3）：4-11.

[91] 陈健，高波.住房保障与财富效应逆转——基于平滑转换回归方法的实证分析[J].经济评论，2012（1）：57-66.

[92] 陈健，邹琳华.扩大内需下保障房的最优供给区间研究——基于财富效应的分析视角[J].财贸经济，2012（1）：115-122.

[93] 陈杰.中国保障房建设中的几点理论探讨——"保障房"应该正名为"公共住房"[C]//上海市社会科学界第十届学术年会论文集，2012：237-242.

[94] 陈卫东，周景彤.世界主要国家和地区住房调控政策经验与启示[J]. 宏观经济研究，2010（3）：22-27.

[95] 邓宏乾.中国城镇公共住房政策研究[M].北京：中国社会科学出版社，2015.

[96] 邓卫.关于经济适用房建设的反思与对策[J].建筑学报，2001（8）：39-41.

[97] 邓翔，李双强.消费需求、投资需求与住房价格波动[J].2015（10）：99-103.

[98] 丁成日. 世界（特）大城市发展——规律，挑战，增长控制政策及其评价 [M]. 北京：中国建筑工业出版社，2015.

[99] 丁成日，邱爱军，王瑾. 中国快速城市化时期农民工住房类型及其评价 [J]. 城市发展研究，2011（6）：49-54.

[100] 董昕. 中国政府住房保障范围的变迁与现状研究 [J]. 当代财经，2011（5）：84-91.

[101] 恩格斯. 论住宅问题 [M]. 北京：人民出版社，1985.

[102] 范建双，虞晓芬，周琳. 城镇化、城乡差距与中国经济的包容性增长 [J]. 数量经济技术经济研究，2018，35（4）：41-60.

[103] 范剑勇，莫家伟，张吉鹏. 居住模式与中国城镇化——基于土地供给视角的经验研究 [J]. 中国社会科学，2015（4）：44-63.

[104] 方创琳，陈田，刘盛和. 走进新时代的中国城市地理学——建所70周年城市地理与城市发展研究成果及展望 [J]. 地理科学进展，2011（4）：397-408.

[105] 方德斌. 不确定信息下准公共物品社会认可度与政府管制政策——基于电网运行的证据研究 [J]. 管理世界，2012（10）：94-106.

[106] 方福前. 寻找供给侧结构性改革的理论源头 [J]. 中国社会科学，2017（7）：49-69.

[107] 方福前，吕文慧. 中国城镇居民福利水平影响因素分析——基于阿马蒂亚·森的能力方法和结构方程模型 [J]. 管理世界，2009（4）：17-36.

[108] 高鸿业. 西方经济学（宏观部分）[M]. 北京：中国人民大学出版社，2010.

[109] 顾昕. 社会凯恩斯主义与中国公共财政转型 [J]. 博鳌观察，2013（2）：80-83.

[110] 郭熙保. 从发展经济学观点看待库兹涅茨假说——兼论中国收入不平等扩大的原因 [J]. 管理世界，2002（3）：66-73.

[111] 郭湘闽. 我国城市更新中住房保障问题的挑战与对策——基于城市运营视角的剖析 [M]. 北京：中国建筑工业出版社，2011.

[112] 郭珍，吴宇哲. 基本农田保护制度应优先于耕地总量动态平衡制度 [J]. 湖南

财政经济学院学报，2016（2）：54-62.

[113] 国家统计局.2015年全国农民工监测调查报告[R].2016.

[114] 国务院发展研究中心课题组.农民工市民化对扩大内需和经济增长的影响[J].经济研究，2010（6）：4-17.

[115] 国务院发展研究中心和世界银行联合课题组.中国：推进高效、包容、可持续的城镇化[J].管理世界，2014（4）：5-41.

[116] 胡金星，陈杰.从住房的双重属性看城镇住房问题[J].上海房地，2008（6）：29-31.

[117] 胡婉旸，郑思齐，王锐.学区房的溢价究竟有多大：利用"租买不同权"和配对回归的实证估计[J].经济学（季刊），2014（3）：1195-1214.

[118] 埃比尼泽·霍华德.明日的田园城市[M].金经元，译.北京：商务印书馆，2009.

[119] 贾春梅.我国保障房有效供给机制研究[D].南京：南京大学，2012.

[120] 贾春梅，葛扬.对地方政府保障房支出缺口的估计——来自江苏省的证据[J].经济评论，2012（1）：67-75.

[121] 贾康，刘军民.中国住房制度改革问题研究——经济社会转轨中"居者有其屋"的求解[M].北京：经济科学出版社，2007.

[122] 贾康，张斌.供给侧改革：现实挑战、国际经验借鉴与路径选择[J].价格理论与实践，2016（4）：5-9.

[123] 贾康，张晓云.我国住房保障模式选择与政策优化：政府如何权衡"倒U曲线"演变中的机会公平与结果均平[J].财政研究，2012（7）：2-15.

[124] 贾如君，李寅.不只是居住：苏黎世非营利性住房建设的百年经验[M].重庆：重庆大学出版社，2016.

[125] 蒋和胜，王波."十二五"以来我国保障性住房资金来源渠道分析[J].宏观经济研究，2016（4）：21-31.

[126] 李刚."包容性增长"的学源基础、理论框架及其政策指向[J].经济学家，

2011（7）：12-20.

[127] 李鸿翔. 从经济适用房政策的实施看我国的住房保障制度[J]. 中国行政管理，2007（5）：11-13.

[128] 李梦玄，周义. 保障房建设的社会福利效应测度和实证研究[J]. 中南财经政法大学学报，2012（5）：29-34.

[129] 李石新，奉湘梅，郭丹. 经济增长的贫困变动效应：文献综述[J]. 当代经济研究，2008（2）：30-34.

[130] 李维，朱维娜. 基于结构方程模型的地区经济发展影响因素分析[J]. 管理世界，2014，246（3）：172-173.

[131] 李旭. 社会系统动力学：政策研究的原理方法和应用[M]. 上海：复旦大学出版社，2009.

[132] 李叶妍，王锐. 中国城市包容度与流动人口的社会融合[J]. 中国人口·资源与环境，2017（1）：146-154.

[133] 林晨蕾，郑庆昌. 公共服务均等化视角下新生代农民工住房保障模式选择——公共租赁房优势与发展路径[J]. 理论与改革，2015（3）：70-73.

[134] 林立. 公共租赁房建设规模与分配机制研究[D]. 重庆：重庆大学，2015.

[135] 刘晓峰，陈钊，陆铭. 社会融合与经济增长：城市化和城市发展的内生政策变迁[J]. 世界经济，2010（6）：60-80.

[136] 刘永好. 新型城镇化：以扩内需为内核[J]. 今日中国论坛，2010（10）：66.

[137] 刘玉亭，何微丹. 广州市保障房住区公共服务设施的供需特征及其成因机制[J]. 现代城市研究，2016（6）：2-10.

[138] 刘志林，景娟，满燕云. 保障性住房政策国际经验——政策模式与工具[M]. 北京：商务出版社，2016.

[139] 龙奋杰，李一，王轶军. 中国主要城市住宅供给与城市增长的实证分析[J]. 清华大学学报（自然科学版），2008（9）：1533-1536.

[140] 龙奋杰，董黎明. 经济适用房政策绩效评析[J]. 城市问题，2005（4）：48-52.

[141] 龙奋杰，郭明.土地供给对中国城市增长的影响研究[J].城市发展研究，
2009（6）：83-87.

[142] 卢为民.推动供给侧结构性改革的土地制度创新路径[J].城市发展研究，
2016（6）：66-73.

[143] 陆彩兰，柏广才，唐荣林.我国房地产税制改革的价值取向：投资激励还是
消费激励？[J].经济体制改革，2014（1）：140-143.

[144] 陆大道，陈明星.关于"国家新型城镇化规划（2014—2020）"编制大背景的
几点认识[J].地理学报，2015，70（2）：179-185.

[145] 陆铭.大国大城：当代中国的统一，发展与平衡[M].上海：上海人民出版
社，2016.

[146] 陆铭，陈钊，万广华.因患寡，而患不均——中国的收入差距、投资、教育
和增长的相互影响[J].经济研究，2005（12）：4-14.

[147] 陆铭，高虹，佐藤宏.城市规模与包容性就业[J].中国社会科学，2012（10）：
47-66.

[148] 罗惠珍.巴黎不出售——人人有房住、生活低负担的法国好宅新思维[M].台
北：城邦文化事业股份有限公司，2015.

[149] 吕萍，陈泓冰.分立运行还是有序互动？——试论中国商品房与保障房关系
的政策取向[J].北京社会科学，2014（11）：61-67.

[150] 马庆林.日本住宅建设计划及其借鉴意义[J].国际城市规划，2012（4）：95-101.

[151] 马秀莲.从政府直接提供到PPP——美国保障房的实践及借鉴[J].中国行政
管理，2016（6）：150-155.

[152] 马秀莲.透视保障房：美国实践、经验与借鉴[M].北京：社会科学文献出版
社，2018.

[153] 迈克·戴维斯.布满贫民窟的星球[M].北京：中信出版集团，2017.

[154] 毛丰付，王建生.保障性住房能够促进人口流动吗？——基于省际人口流动
的引力模型分析[J].华东经济管理，2016（11）：86-95.

[155] 倪鹏飞. 新型城镇化的基本模式、具体路径与推进对策[J]. 江海学刊，2013（1）：87-94.

[156] 倪鹏飞. 中国住房制度的目标设计和深化改革[J]. 经济社会体制比较，2017（2）：14-27.

[157] 倪绍祥，刘彦随. 试论耕地质量在耕地总量动态平衡中的重要性[J]. 经济地理，1998，18（2）：83-85.

[158] 道格拉斯·C.诺思.制度、制度变迁与经济绩效[M]. 杭行，译.上海：格致出版社、上海三联书店、上海人民出版社，2014.

[159] 彭华民，唐慧慧. 排斥与融入：低收入农民工城市住房困境与住房保障政策[J]. 山东社会科学，2012（8）：20-29.

[160] 戚伟，刘盛和，金浩然. 中国户籍人口城镇化率的核算方法与分布格局[J]. 地理研究，2017，36（4）：616-632.

[161] 齐慧峰，王伟强. 基于人口流动的住房保障制度改善[J]. 城市规划，2015（2）：31-37.

[162] 裘知. 中日大城市低收入保障房体系对比研究[M]. 杭州：浙江大学出版社，2014.

[163] 让·克劳德·德里昂，马璇，姚鑫. 欧洲与法国社会住房政策的主要问题[J]. 国际城市规划，2009（4）：22-27.

[164] 任远. 人的城镇化：新型城镇化的本质研究[J]. 复旦学报（社会科学版），2014（4）：134-139.

[165] 施晓俭. 农民工纳入城镇住房保障体系的政策研究[D]. 上海：复旦大学，2010.

[166] 石忆邵. 中国新型城镇化与小城镇发展[J]. 经济地理，2013，33（7）：47-52.

[167] 世界银行. 2019年世界发展报告：工作性质的变革[R].华盛顿，2019.

[168] 孙文亮. 保障性住房项目利益相关者关系治理研究[D]. 天津：河北工业大学，2016.

[169] 谭锐，黄亮雄，韩永辉.保障性住房建设困境与土地财政压力——基于城市层面数据的实证研究[J].现代财经（天津财经大学学报），2016（12）：61-72.

[170] 谭禹.二元化住房制度：日本、新加坡、中国香港的实践模式与启示[J].甘肃社会科学，2010（3）：184-187.

[171] 陶希东.全球城市移民社会的包容治理：经验、教训与启示[J].南京社会科学，2015（10）：49-56.

[172] 藤田昌久，雅克-弗朗斯瓦·蒂斯.集聚经济学：城市、产业区位与全球化[M].上海：格致出版社、上海三联书店、上海人民出版社，2016.

[173] 万勇.大城市边缘地区"社会-空间"类型和策略研究——以上海为例[J].同济大学学报（社会科学版），2011（2）：34-44.

[174] 王佃利.城市治理中的利益主体行为机制[M].北京：中国人民大学出版社，2009.

[175] 王国军，刘水杏.房地产业对相关产业的带动效应研究[J].经济研究，2004（8）：38-47.

[176] 王平，刘慧勇."营改增"之房地产业相关问题研究[J].法学杂志，2016（3）：56-61.

[177] 王其藩.系统动力学[M].上海：上海财经大学出版社，2009.

[178] 王其藩，李旭.从系统动力学观点看社会经济系统的政策作用机制与优化[J].科技导报，2004（5）：34-36.

[179] 王伟，吴志强.中国城市群空间结构与集合能效研究[M].上海：同济大学出版社，2018.

[180] 王先柱，赵奉军.保障性住房对商品房价格的影响——基于1999～2007年面板数据的考察[J].经济体制改革，2009（5）：143-147.

[181] 王效容.保障房住区对城市社会空间的影响及评估研究[D].南京：东南大学，2016.

[182] 王雪冬.包容性增长理论的研究现状及未来展望[J].经济研究参考，2018

（37）：61-66.

[183] 王颖. 城市发展研究的回顾与前瞻[J]. 社会学研究，2000（1）：65-75.

[184] 王佑辉，邓宏乾，艾建国. 营业税调控房价的"悖反效应"[J]. 税务研究，2006（9）：46-47.

[185] 王智波. 房地产税制中的国际惯例与物业税的经济学分析[J]. 经济科学，2008（5）：81-95.

[186] 魏建，张昕鹏. 市场的制度性分割：经济适用房制度的博弈分析[J]. 山东大学学报（哲学社会科学版），2008（01）：83-90.

[187] 魏然. "拉丁美洲住房保障和供应体系：中拉学者的视角"国际研讨会综述[J]. 拉丁美洲研究，2014，36（3）：74-76.

[188] 吴福象，姜凤珍. 保障房、高档房与我国房地产市场调控——基于东中西三大地带省际面板数据的实证分析[J]. 财经理论与实践，2012（5）：86-90.

[189] 吴海瑾. 城市化进程中流动人口的住房保障问题研究——兼谈推行公共租赁住房制度[J]. 城市发展研究，2009（12）：82-85.

[190] 吴霜. 社会融合视角下的农民工住房管理与住房保障研究[D]. 杭州：浙江大学，2015.

[191] 吴宇哲，王薇. 住房保障与城市经济增长协同机制研究[J]. 河海大学学报（哲学社会科学版），2016（6）：27-33.

[192] 吴宇哲，王薇. 非户籍人口城市落户的住房难点及解决途径[J]. 南通大学学报（社会科学版），2018，34（2）：53-59.

[193] 吴宇哲，张蔚文. 韩国国家住宅公司的经验及启示[J]. 城市开发，2002（7）：57-58.

[194] 吴志强，邓雪湲，干靓. 面向包容的城市规划，面向创新的城市规划——由《世界城市状况报告》系列解读城市规划的两个趋势[J]. 城市发展研究，2015，22（4）：28-33.

[195] 夏锋. 规模效应、人口素质与新型城镇化的战略考量[J]. 改革，2013（3）：

  25-36.

[196] 谢志岿，曹景钧.房地产调控：从行政控制到利益协调——目标替代的非正
  式规则与房地产调控模式转型[J].公共行政评论，2012（3）：86-112.

[197] 邢海峰.城市规划调控住房供应的功能及其实现途径——基于公共政策理论
  视角的分析[J].城市规划，2011，35（1）：72-76.

[198] 徐虹.住房保障水平发展趋势分析[J].兰州学刊，2011（5）：58-63.

[199] 阎小培，许学强.广州城市基本-非基本经济活动的变化分析——兼释城市
  发展的经济基础理论[J].地理学报，1999，54（4）：299-308.

[200] 杨昌鸣，张祥智，李湘桔.从"希望六号"到"选择性邻里"——美国近期
  公共住房更新政策的演变及其启示[J].国际城市规划，2015（6）：41-49.

[201] 杨赞，张欢，赵丽清.中国住房的双重属性：消费和投资的视角[J].经济研
  究，2014（S1）：55-65.

[202] 姚士谋，张平宇，余成，等.中国新型城镇化理论与实践问题[J].地理科学，
  2014，34（6）：641-647.

[203] 尹梦霞.保障房建设在房地产及经济发展中的作用[J].城市问题，2012（2）：
  67-70.

[204] 尹阳娜.社会保障、消费与内需——基于凯恩斯主义模型的应用[J].消费经
  济，2006（4）：34-37.

[205] 印华，赵新华，张鹏越，等.国外房地产的税制与税费政策及其启示[J].财
  经研究，1999（6）：53-58.

[206] 张鸿雁.空间正义：空间剩余价值与房地产市场理论重构——新城市社会学
  的视角[J].社会科学，2017（1）：53-63.

[207] 张继海.社会保障对中国城镇居民消费和储蓄行为影响研究[D].济南：山东
  大学，2006.

[208] 张宇钟.城市发展与包容性关系研究[J].上海行政学院学报，2010（1）：
  85-95.

[209] 张子珩. 中国流动人口居住问题研究[J]. 人口学刊，2005（2）：16-20.

[210] 张祚，朱介鸣，李江风. 新加坡大规模公共住房在城市中的空间组织和分布[J]. 城市规划学刊，2010（1）：91-103.

[211] 赵聚军. 保障房空间布局失衡与中国大城市居住隔离现象的萌发[J]. 中国行政管理，2014（7）：60-63.

[212] 赵路兴，浦湛. "夹心层" 住房保障问题制度创新[J]. 城市开发，2003（12）：55-57.

[213] 赵宁. 新生代农民工城市融入进程中住房保障的困境与出路[J]. 政法论丛，2016（1）：137-144.

[214] 郑思齐，廖俊平，任荣荣，等. 农民工住房政策与经济增长[J]. 经济研究，2011（2）：73-86.

[215] 郑思齐，孙伟增，徐杨菲. 中国城市住房保障覆盖范围的算法设计与应用[J]. 系统工程理论与实践，2014（11）：2791-2800.

[216] 郑思齐，师展. "土地财政" 下的土地和住宅市场：对地方政府行为的分析[J]. 广东社会科学，2011（2）：5-10.

[217] 郑玉歆. 为什么要强化政府增加住房供给的责任？[J]. 经济管理，2014，36（4）：1-8.

[218] 中国金融人论坛课题组，周诚君. 加快推进新型城镇化：对若干重大体制改革问题的认识与政策建议[J]. 中国社会科学，2013（7）：59-76.

[219] 周稳海，陈立文，赵桂玲. 住宅投资对经济增长影响的阶段比较研究——基于面板数据系统GMM模型[J]. 经济问题探索，2016（7）：36-45.

[220] 朱晨，岳岚. 基于规划调控的英国住房保障措施研究[J]. 城市发展研究，2007（2）：23-28.

后记

保障房时代的大幕徐徐拉开，剧本值得期待。经历了二十多年的繁荣发展，我国的住房市场化之路迎来了转折期。从中央到地方政府，都在淡化房地产的经济支柱地位，将更多的资源投向保障性住房，创造一个更具有包容性的住房模式。不论是发达国家还是发展中国家，住房保障都是一个永恒的话题。没有哪个国家很好地解决了中低收入群体的住房问题，即使是长期被作为模范生的新加坡和德国，其住房保障模式也存在各种不足与争议。我国的住房保障制度建设时间尚短，也无法照搬照抄其他国家的成功经验，亟需通过总结过往经验和前瞻性的谋划，探索中国式现代化的住房保障模式创新。

本书的立题可以追溯到2015年。当时我参加博士生入学复试，要初步制定研究计划。在阅读文献时，不知为何就对保障房产生了浓厚的兴趣。于是，便以"中国城镇化进程中保障性住房建设与管理研究"为题，阐述了对研究内容的大致构思。没想到读博期间真的是沿着这个思路展开，将研究领域定位在了从城市发展的视角探讨住房保障政策。一直到博士毕业后，对于保障房的研究仍保持着浓厚的兴趣。带领学生奔走在杭州保障房社区，开展实地调研。本书的内容主要源于博士毕业论文，有些内容已经在国内外期刊上发表。此次更新了一些数据，虽然实证研究部分未有更新，但根据近几年的调研来看，结论仍然适用。

展望未来，我国的住房保障体系将逐步从"保基本"向"保发展"转变，需要处理好政府与市场、社会的关系。从城市层面来看，以"保基本"为目标、面向户籍人口的住房保障政策是同质化的；以"保发展"为驱动，面向城市常住人口的住房保障政策是差异化的。在转型过程中，保障房供给的市场模式需要探索，依赖成熟社会的治理模式需要培育，政府主导的层级模式也有待完善。在实践的试错与校正过程中，对于这些基础性问题的持续研究，有助于我国住房保障体系的健康发展。

本书内容的撰写，从落笔开始持续了一年多。到了后期，似乎时时刻刻都处于写作状态。以至于常常入睡时在思考，梦中继续思考，一早眼睛还未睁开，大脑已经按下了启动键。回想起来，整个过程是艰苦的，有时挫折感会特别强烈。庆幸的是，最终坚持下来了。这份坚持，要归功于许多给予我帮助的老师和同学。尤其要感谢我的博士生导师吴宇哲教授。这项研究从题目的反复探讨、切入视角的确定、谋篇布局到最终修改定稿，都凝结着导师的心血。还要感谢家人一如既往的理解和支持，免除了笔者的后顾之忧，将本书献给他们！

鉴于笔者水平有限，本书难免有缺陷乃至错误之处，许多观点也有待进一步探讨。欢迎各位师长、同仁和读者朋友批评指正。

王薇

浙大城市学院

2024 年 5 月